Het stof van haar voeten

Deel 1

Het stof van haar voeten

Deel 1

Beschouwingen over Amma's onderricht

Swami Paramatmananda Puri

Mata Amritanandamayi Center, San Ramon
Californië, Verenigde Staten

Het stof van haar voeten – Deel 1
Beschouwingen over Amma's onderricht
Swami Paramatmananda

Uitgegeven door:
Mata Amritanandamayi Center
P.O. Box 613
San Ramon, CA 94583
Verenigde Staten

———————— *The Dust of Her Feet (Dutch)* ————

Eerste uitgave : april 2016

Adres in Nederland:
www.amma.nl
inform@amma.nl

Adres in België:
www.vriendenvanamma.be

In India:
inform@amritapuri.org
www.amritapuri.org

INHOUD

TOEWIJDING

Gegroet
Sri Mata Amritanandamayi Devi,
de Universele Moeder,
die de ellende uit de wereld verdrijft,
die de duisternis van haar toegewijden verjaagt
en zich toont als het Eeuwige Bewustzijn
dat eigen is aan het Hart,
die schijnt als de Transcendente Waarheid
die ten grondslag ligt aan de wereld
en wat daar voorbij ligt

VOORWOORD

Sinds 1968 leidt Swami Paramatmananda Puri het leven van een monnik in India waar hij als negentienjarige naar toe verhuisde om de spirituele essentie van die grote en oude cultuur in zich op te nemen. Hij heeft het geluk gehad om door de jaren heen in de aanwezigheid van veel heiligen en wijzen te verblijven, wat culmineerde in zijn ontmoeting met zijn Goeroe, Mata Amritanandamayi, in 1979.

Toen Swami Amma voor het eerst ontmoette, vroeg hij haar hoe hij zijn sadhana moest voortzetten. Amma's antwoord was: 'Word zoals het stof onder ieders voeten.' Zo is de titel van dit boek tot stand gekomen.

Als een van haar senior discipelen werd hem uiteindelijk gevraagd om terug te keren naar de VS om te dienen als leider van de eerste ashram in het westen, het Mata Amritanandamayi Centre in Californië, waar hij van 1990 tot 2001 verbleef.

Veel bewoners en bezoekers van het centrum herinneren zich nog dat één van de hoogtepunten daar Swami's lezingen waren, die zijn ervaringen in India, zijn begrip van Amma's onderwijs, teksten uit de geschriften en zijn leven op het spirituele pad omvatten. Met scherpzinnigheid en humor heeft hij Oost en West bijeen gebracht en een forum voor spirituele lessen voor mensen van alle rangen en standen gecreëerd.

Hoewel Swami sinds zijn terugkeer naar India in 2001 geen openbare lezingen meer heeft gegeven, zijn veel opnames van zijn satsangs nog niet uitgegeven. Dit boek is een poging om iets van dit materiaal en van zijn geschreven artikelen na zijn terugkeer naar India te delen.

De uitgever van de Engelse editie
M. A . Center, 1 september 2014

HOOFDSTUK EEN

Een onvergelijkelijk rolmodel

Wat wint een kaars door zichzelf op te branden? Niets. Zijn bestaan is om licht te geven aan anderen. Bomen zijn ook zo. Zij verdragen de hitte van de zon om schaduw te geven aan degenen die onder hen rusten. Als het een vruchtenboom is, worden de vruchten door anderen gebruikt. Hij geeft zelfs zijn eigen lichaam aan hen die hem omhakken voor brandhout of om hem als bouwmateriaal te gebruiken. Zo'n onbaatzuchtig leven leiden is voor de meeste mensen onvoorstelbaar. Wij zijn overwegend zelfzuchtig, maar er zijn enkele zeldzame zielen die wel onbaatzuchtig leven – en hun levens zijn bovenmenselijk. Zij komen alleen naar deze wereld om anderen naar de gelukzalige staat van bewustzijn te leiden die ze zelf genieten. Hun leven is één lange opoffering. Ze offeren hun tijd, hun energie, hun vrijheid, hun rust, hun gezondheid en hun privacy op om ons innerlijke vrede te geven en ons de weg ernaartoe te tonen. Aanvankelijk lijkt het dat hun handelingen zijn om onze verlangens in te willigen en ons lijden en onze angsten te verwijderen, maar uiteindelijk is het doel om ons te bevrijden van de lange droom van Maya naar het onzelfzuchtig bestaan in het Atma. Het mag een erg lange investering van tijd en energie met zich meebrengen maar dat is het unieke doel van hun leven. Dit mag slechts een abstract idee lijken totdat we een persoon zoals Amma ontmoeten. Zulke wezens komen zeer zelden naar deze wereld en we zijn uitzonderlijk en onvoorstelbaar fortuinlijk dat we met haar om kunnen gaan.

Amma is het rolmodel voor haar ontelbare toegewijden. Het is moeilijk voor te stellen dat er ooit zo'n rolmodel in de geschiedenis van de mensheid is geweest en vanwege haar niet te vergelijken eigenschappen kunnen we nooit hopen om haar zelfs maar op een oneindig kleine manier te evenaren. Maar er zijn enige eigenschappen die we kunnen proberen te ontwikkelen, hoe weinig dan ook. Een van de duidelijkste is onzelfzuchtigheid. Haar leven is een uitdrukking van constante onzelfzuchtigheid.

Geen enkele inspanning gaat verloren

Er is een gezegde dat zegt wat natuurlijk is voor een Mahatma door anderen ontwikkeld moet worden. Door dat te doen zullen we geleidelijk aan afgestemd raken op de toestand van de geest van de Mahatma en delen in zijn gelukzaligheid en vrede. Het is best een sprong van onze tegenwoordige staat van zelfzuchtigheid naar hun staat van universele onbaatzuchtigheid, maar het is mogelijk. Helaas hebben veel mensen die we ontmoeten en met wie we verbonden zijn, weinig eigenschappen die het waard zijn na te streven en velen onder ons pikken hieruit de verkeerde eigenschappen. Maar als we zelfs maar een klein beetje vooruitgang boeken op het spirituele pad door om te gaan met de juiste mensen, zal dit niet verloren gaan. Zoals Sri Krishna in de *Bhagavad Gita* zegt:

> "Er is geen verlies van inspanning hier; er is geen schade.
> Zelfs een klein beetje van deze devotie bevrijdt iemand
> van grote angst."
>
> Hoofdstuk 2, vers 40

Een oude vrouw ging dood en haar ziel werd bij de Rechter van de Dood, Yama, gebracht. Hij moest de goede en kwade daden die ze tijdens haar leven had verricht beoordelen. Hij ontdekte echter dat de enige goede daad die ze ooit had gedaan, was het met minachting geven van een wortel aan een stervende bedelaar. Daarom werd de wortel bevolen om te verschijnen om hiervan getuigenis te geven. De vrouw werd verteld om hem vast te pakken. De wortel begon naar de hemel op te stijgen en tilde haar met zich mee. Op dat moment verscheen de oude bedelaar op het toneel. Hij greep de zoom van haar kleding vast en werd samen met haar omhooggetrokken. Na hem grepen velen hem vast en allen werden naar de hemel opgetild door de verdienste van het schenken van een wortel. Plotseling keek de vrouw naar beneden en zag de keten van zielen die aan haar hingen.

Ze schreeuwde; "Ga weg jullie! Dit is mijn wortel!"en onbewust zwaaide ze haar hand om hen weg te houden. Haar grip op de wortel was verdwenen en daar viel de arme vrouw met het hele gevolg.

Lof is onze vijand

Wezens zoals Amma leiden hun leven niet volgens de mening van anderen; zij geven noch om hun lof nog om hun kritiek.

Zoals Amma zegt: 'Ik heb niemands certificaat nodig!' Mahatma's weten precies wie en wat ze zijn en ze leven daarnaar. Als iemand hen bekritiseert, zullen ze naar binnen gaan, zien of er enige waarheid in zit en het ofwel negeren ofwel zichzelf corrigeren. Ze weten dat alles wat gebeurt door de Universele Wil plaatsvindt. Omdat ze in staat zijn de motieven in het hart van iedereen te zien, kunnen ze niet worden beïnvloed door lof.

Het volgende vers werd geschreven in de 16ᵉ eeuw door een grote ziel genaamd Swami Sadashiva Brahmendra:

'Hoewel een mens naar de wereld kijkt alsof het een bosje stro is en alle gewijde kennis tot zijn beschikking heeft, is het moeilijk voor hem om te vluchten voor de slavernij als hij gezwicht is voor armoedige vleierij, de hoer.'

Toen hij in het begin sannyasi werd, zwierf hij van plek tot plek, verzonken in zijn Zelf. Op een dag lag hij te rusten op een akker met een steen onder zijn hoofd als kussen. Enkele vrouwen kwamen langs en leverden commentaar: 'Wat voor een sannyasi is dit? Hij heeft nog steeds een kussen nodig!'

De volgende keer toen zij langskwamen en de swami hen aan zag komen, gooide hij de steen weg. Toen ze dit zagen, zeiden de vrouwen: 'Wat voor een swami is dit? Hij geeft nog steeds om de mening van een ander!' We kunnen gewoon niet winnen als lof en kritiek ons beïnvloedt.

Toen Benjamin Franklin een kleine jongen was, kwam hij langs de zaak van een smid op weg naar school. Je weet hoe kleine jongens zijn als ze iets interessants zien – ze staan daar dan als aan de grond genageld. Ben zag dat de smid aan het zwoegen was om zijn gereedschap scherp te maken met een slijpsteen. Toen hij de kleine jongen zo geïnteresseerd zag, riep de smid hem en zei: 'Hé, kom binnen. Je bent zo'n aardige kleine jongen. Vind je mijn winkel leuk? Ik zal je een rondleiding geven.' Hij leidde hem rond, liet hem alles zien en zei tegen de kleine jongen: 'Waar ben je naar op weg?'

'Ik ben op weg naar school.'

'Ach, je bent zo'n aardig jongetje, zo'n slim jongetje. Kun je mij helpen? Ik ben er zeker van dat je me een tijdje kunt helpen met het slijpen van mijn gereedschap; je bent zo'n goede jongen.'

Als je onschuldige kinderen op die manier prijst, doen ze alles voor je. Hij voelde zich verplicht en ging ermee akkoord om te helpen.

Wat deed de smid? Hij gaf hem de slijpsteen om het gereedschap dat hij gebruikte, te slijpen. Na een uur slopend werk, voelden Benjamins armen alsof ze van hem afvielen. Hij dacht: 'Ik moet naar school; het wordt laat. Wat zal er met me gebeuren?' Hij zei tegen de smid: 'Luister, ik kan niet langer blijven.' De smid zei: 'Jij moet de slimste jongen uit je klas zijn; je moet de intelligentste zijn. Zelfs als je laat op school komt, zal er niets gebeuren. Ik ben er zeker van dat je al je examens zal halen zonder zelfs te leren. Ik heb nog nooit zo'n aardig jongetje gezien; je slijpt die steen als geen ander.'

Hoewel zijn armen als verlamde noedels aanvoelden, maakte hij ten slotte het werk af en rende naar school. De hoofdonderwijzer sloeg hem met een riet; zo deden ze dat in die dagen als je een slecht kind was. Je kreeg lichamelijke straf. Toen besloot Ben dat hij nooit meer in zijn hele leven aandacht zou schenken aan de lofprijzingen van wie dan ook. Hier komt misschien de uitdrukking vandaan dat als iemand je prijst, hij waarschijnlijk een bijl heeft die geslepen moet worden.

Nadat je enige tijd bij Amma bent geweest, kan het erop lijken dat je kritiek krijgt van anderen voor dingen die niet jouw fout waren. Het lijkt dat je nooit eerder een dergelijk probleem hebt gehad. Eigenlijk had ik vele jaren een dergelijke ervaring. Het toonde me in ieder geval hoeveel ik werd beïnvloed door de mening van anderen. Uiteindelijk, zonder duidelijke reden, vroeg Amma me op een dag of ik nog steeds geërgerd was als anderen kritiek op me hadden. Als Amma je iets vraagt, moet je absoluut waarheidsgetrouw zijn omdat ze je geest ziet alsof deze zich in een glazen kast voor haar bevindt. Haar niet de waarheid vertellen impliceert een gebrek aan vertrouwen en overgave en vasthouden aan het ego.

Ik dacht na over haar vraag en antwoordde: 'Nog steeds enigszins.' Daarna leken de 'problemen' minder frequent voor te komen. Het scheen me toe dat ieder van ons bepaalde zwakheden heeft die overwonnen moeten worden als we spiritueel vooruitgang willen boeken, en Amma creëert de omstandigheden zodat we de gelegenheid krijgen om dat te doen. We moeten een evenwichtige toestand van de geest ontwikkelen die niet wordt beïnvloed door lof of kritiek. Dat zal gunstig zijn voor onze ervaring van het ontluiken van het *Atman*. We zullen moeten proberen een gelijkmoedige geest te bewaren.

De trots van de wijze Narada

De grote wijze Narada werd trots op zijn talent om de *vina* te bespelen. Net zoals Amma dat bij haar toegewijden doet, wilde Heer Krishna dit gebrek verwijderen. Hij nodigde vele zeer grote musici uit in Dwaraka, waar hij verbleef. Narada kwam ook. Hanuman kwam vermomd als een gewone aap. Heer Krishna vroeg Narada om de vina te bespelen. Narada gaf een heerlijke voorstelling. Iedereen waardeerde het muzikaal talent van de grote wijze en iedereen behalve de Heer gaf hem een warm applaus.

Aan het einde van de voorstelling vroeg Heer Krishna aan Hanuman: 'Aap, wat denk je van de muziek van Narada?'

Narada vatte dit op als een grove belediging en liet neerslachtig zijn hoofd hangen.

Heer Krishna vroeg: 'Narada! Waarom kijk je zo terneergeslagen?'

Narada bleef een paar minuten stil en antwoordde toen: 'Heer, veel getalenteerde musici zijn aanwezig bij deze samenkomst. U hebt mij belachelijk gemaakt door een aap die niet eens de basis van muziek begrijpt, naar zijn mening te vragen over mijn muziek. Ik ben inderdaad zeer gekwetst.'

Krishna zei: 'Beste Narada, voel je niet beledigd. Geef alsjeblieft je vina aan de aap. Laten we horen of hij de kunst van het spel kent of niet.'

Narada werd zelfs nog geïrriteerder en begon iets te mopperen. Krishna vroeg: 'Narada! Wat fluister je? Vertel het me alsjeblieft.' Narada antwoordde: 'Dit is een zeer verfijnd instrument. Het is mij zeer dierbaar. Het is me zo lief als het leven zelf. Hij is een aap. Hij zal hem volledig kapotmaken.'

De Heer zei: 'Wees niet bang, Narada! Geef het hem. Ik zal verantwoordelijk zijn voor je vina.'

Met tegenzin gaf Narada de vina aan de aap. Hanuman was niet in het minst geraakt door de beledigende woorden van de wijze. Hij was een Mahatma met een evenwichtige geest en grote zelfbeheersing.

De Heer zei: 'Aap, laat ons je verrukkelijke muziek horen.'

Hanuman begon 'Ram Nam' te zingen met intense toewijding en begon de vina te bespelen. Het overtrof de muziek van Narada. De luisteraars waren er immens blij mee. De muziek van Hanuman deed zelfs de stenen smelten. Iedereen prees hem. Narada voegde zich ook bij hen.

Heer Krishna zei: 'O Narada! Ik ben blij te zien dat jij ook de muziek van de aap waardeerde. Het was inderdaad verbazingwekkend.'

Narada boog zijn hoofd in schaamte en viel meteen aan de voeten van de Heer en zei: 'O Heer! Vergeef me alstublieft. Hoe kan ik de verdiensten van anderen beoordelen? U bent alwetend. U bent de enige echte beoordelaar.'

Toen Narada probeerde zijn vina van de aap terug te nemen, ontdekte hij dat hij hem niet van de grond kon tillen. Hij zei tegen de Heer: 'O Heer, ik kan mijn vina niet van de grond optillen. De aap heeft me een poets gebakken. Laat mij die vina terugkrijgen.'

Krishna zei: 'Narada, laat anderen proberen hem op te pakken.' Iedereen probeerde het, maar tevergeefs. De Heer vroeg toen aan de andere musici wat de oorzaak was van de onbeweeglijkheid van de vina.

Een zeer bekwame musicus merkte op: 'De steen waarop de vina was geplaatst, is gesmolten door de muziek van de aap en zakte een beetje: toen de muziek ophield, werd hij weer hard en kwam de vina vast te zitten.'

Heer Krishna zei: 'Narada! Zing om de steen te laten smelten en je vina terug te krijgen.'

Narada zong en zong, maar zijn pogingen waren vruchteloos. Toen vroeg Krishna Hanuman om verder te zingen en de vina te bespelen. De steen smolt binnen een paar minuten. Vernederd, nam Narada zijn vina terug.

Narada besefte nu dat de Heer dit plan had beraamd om zijn trots te verwijderen. Hij kwam erachter dat de aap niemand minder was dan de toegewijde Hanuman. Hij omhelsde Hanuman met grote genegenheid en verontschuldigde zich voor zijn gedrag.

Narada's muzikale trots werd aldus beteugeld en hij werd een beter mens. Soms zal de Heer Zijn toegewijden voor de gek houden, maar dat is alleen om hun ego te verwijderen.

Trots is de grootste schaduwzijde in de mens. Het is zeer moeilijk uit te roeien. Zelfs de beste mensen worden hier het slachtoffer van. Het bederft iemands prestaties. Net zoals een schoon, wit papier wordt bedorven door een lelijke zwarte vlek, zo bederft trots iemands leven, hoe groot zijn talenten, deskundigheid en prestaties ook zijn. Wees bereid om trots op te geven door nederigheid en de genade van de Guru.

HOOFDSTUK 2

Zijn we klaar voor Vedanta?

O ver de studie van de geschriften zegt Amma:
'Idealiter zou de meeste tijd besteed moeten worden
aan japa en meditatie. Buitensporige studie van de
geschriften weerhoudt iemand ervan om in meditatie
te kunnen zitten. Men zal denken: 'Ik ben Brahman;
waarom zou ik mediteren?' Zelfs als iemand probeert te
mediteren, zal de geest het niet toestaan en zal iemand
dwingen op te staan. En tengevolge van iemands kennis van de geschriften, zal er altijd het verlangen zijn
om mensen te veranderen. Kinderen, wat winnen jullie
ermee als jullie je hele leven besteden aan het bestuderen
van de geschriften? Niemand hoeft een hele zak suiker
te eten om te weten hoe het smaakt. Een klein beetje
is genoeg.'

Amma gelooft dat spirituele aspiranten de *Vedantische* geschriften
moeten bestuderen. Dit zijn onder ander de *Brahma Sutra's*, de
Upanishaden, een paar werken van Shankaracharya enz. Deze
boeken onderwijzen de filosofie van *Advaita* of non-dualiteit,
die samengevat kan worden als: 'Het universum, jij en God zijn
één onverdeeld geheel, Absoluut Bewustzijn.' Deze geschriften
presenteren deze sublieme waarheid op verschillende manieren
door het vertellen van veel voorbeelden en verhalen.

Het lijkt misschien vreemd dat zelfs beginners de hoogste filosofie leren. Traditioneel mag Vedanta alleen worden onderwezen aan hen

> '...die geschikt zijn omdat al hun zonden (handelingen in strijd met dharma) zijn weggebrand door ascese die in verscheidene vorige levens is beoefend, hun geest zuiver gemaakt is, hun intellect de werkelijkheid van de onwerkelijkheid onderscheidt, waarbij ze onverschillig zijn voor de pleziertjes van deze en de andere wereld, hun geest en zintuigen onder controle zijn, hartstochten in bedwang worden gehouden, handelingen als een waardeloze last worden opgegeven, het geloof krachtig en de geest rustig is en zij vurig naar bevrijding van gehechtheid zoeken.'

> Advaita Bodha Dipika

Het is duidelijk dat de meesten onder ons niet geschikt zijn volgens deze opsomming van eigenschappen. Waarom wil Amma ons dan Vedanta op de traditionele manier leren? Omdat we eerst intellectueel moeten begrijpen wat het uiteindelijke doel van het menselijk bestaan is en hoe we dat kunnen bereiken. Als we dit evangelie van Opperste Waarheid leren, zal het permanent in ons onderbewuste blijven zelfs als we er niet aan denken. Het is essentieel dat we een helder idee hebben van ons echte doel in het leven. Het moet de grondslag van ons leven zijn. We kunnen het meeste voordeel van de omgang met Amma hebben als we in ieder geval intellectueel begrijpen wat haar ervaring is. Het ultieme doel van haar leven als Zelfgerealiseerde Goeroe is om ons naar haar staat van Eindeloze Vrede te leiden. Het werkt ook sneller voor haar als we het ware doel van onze relatie met haar begrijpen.

Om vruchtbaar te kunnen ervaren wat de Vedanta zegt moeten we eerst concentratie op de Werkelijkheid ontwikkelen. De Ultieme Werkelijkheid, God, Goeroe, Zelf of *Brahman* is het subtielste van het subtielste. Daarom worden verschillende devotionele oefeningen aanbevolen om de geest subtiel en onbeweeglijk te maken. Devotioneel zingen, japa, meditatie en gebed zijn er enkele. Geleidelijk aan wordt de geest gefocust en teruggetrokken van externe objecten en interne gedachten. We verkrijgen concentratie op het Goddelijke. Maar als we Vedanta bestuderen zonder toewijding en goeroe, kunnen grappige dingen gebeuren.

Verdraaiingen van Vedanta

In de tijd voordat we Vedantalessen in de ashram hadden, wilde Amma dat een van de jongens die daar verbleef, de geschriften aan een ander instituut ging bestuderen om dan terug te komen om de toekomstige bewoners van de ashram te onderwijzen. Toen hij de les hoorde dat hij Brahman is, besloot hij dat het niet nodig was om Amma zelfs maar te schrijven, dus hield hij ermee op. Amma begreep wat er aan de hand was. Ze heeft het niet nodig om brieven te krijgen om te begrijpen wat er in iemands geest aan de hand is. Ze zei: 'Nu denkt hij dat hij Brahman is en dat ik niet meer nodig ben.' Dus schreef ze hem een brief met de tekst:

'Zoon, als je 'suiker' op een papiertje schrijft en eraan likt, ervaar je dan zoetheid? Jouw Brahman is hetzelfde; het is een papieren Brahman.'

Er was eens een vrouw die nadat haar echtgenoot naar zijn werk vertrokken was, gewoon was naar een nabijgelegen tempel te gaan en te luisteren naar spirituele lezingen over de innerlijke betekenis van devotionele geschriften zoals de *Bhagavata* en de *Ramayana*. De priester zei dat Krishna het Opperste Zelf is en de gopi's, Zijn jeugdvriendinnen, zijn de verschillende zenuwbanen die worden

19

verlevendigd door contact met Hem. Heer Rama is God en Sita is de individuele ziel. Ravana is het ego met zijn tien zintuigen; de rivieren Ganges, Yamuna en Sarasvati zijn de *kundalini shakti* in iedereen enzovoorts.

Toen zij zijn interpretaties hoorde, begon ze te denken: 'Alles is in mij. Waarom zou ik me druk maken over alle verplichtingen zoals om 4 uur 's morgens opstaan, een bad nemen, puja en zoveel rituelen doen?' Dus besloot ze dat ze al deze dingen niet meer ging doen. De volgende dag sliep ze tot 7 uur 's morgens omdat ze geen ochtendverplichtingen meer deed. Haar echtgenoot die al op was, ontdekte dat er geen water voor zijn bad was, dus ging hij naar haar bed en schreeuwde:

'Waar is het water voor mijn bad? We wonen twintig jaar samen en iedere dag heb je water voor me klaargezet, en vandaag is er geen water. Staat de bron droog? Ben je ziek?'

Gapend, draaide ze zich om en zei: 'De rivieren Ganges, Yamuna en Sarasvati zijn in je in de vorm van kundalini shakti. Je kunt van hen water krijgen.'

Toen hij haar pseudospirituele staat zag, dacht hij dat hij iets moest doen en dus zei hij: 'O, ik begrijp het. Je hebt een heel hoge staat bereikt. Ik denk niet dat je kunt koken vandaag. Ik ga later naar kantoor dus kan ik voor ons allen koken.'

De vrouw ging weer slapen en de echtgenoot maakte het ontbijt klaar, maar in haar portie deed hij driemaal de normale hoeveelheid chilipepers. Hij verborg alle waterpotten die in huis aanwezig waren en haalde de emmer bij de put weg. Toen riep hij zijn vrouw voor het ontbijt. Na het eten kreeg ze enorme dorst en rende rond op zoek naar water. Ze rende naar de put maar er was geen emmer. Toen zocht ze overal naar de potten met drinkwater, maar die waren er niet. Ze schreeuwde: 'Waar is het water? Waar is het water? Ik ga dood!'

Met een glimlach zei haar echtgenoot kalm: 'De Ganges, Yamuna en Saraswati zijn in je. Waarom drink je dat water niet?' Ze begreep nu haar vergissing en hoewel ze zich de spirituele waarheden herinnerde die ze had geleerd, paste ze die nooit meer op deze wijze toe in haar dagelijks leven.

'Houd de Advaita in het hart. Breng het niet in actie. Zelfs als je het op alle drie de werelden toepast, o zoon, mag het niet op de Goeroe toegepast worden.'

Tattvopadesa, vers 87, Sri Shankaracharya

Amma en alle wijzen uit het verleden zeggen dat alleen maar studie van de geschriften geen ervaring van het Zelf kan brengen. Sadhana en sadhana alleen kan de geest zuiveren van de schijnbaar oneindige reeks gedachten en baan maken voor directe ervaring. Sadhana betekent alles wat de rusteloze geest op de Waarheid richt. Amma zegt:

'Geschriften zijn als uithangborden. Het zijn aanwijsstokken; ze wijzen naar het doel. Dat is hun enige nut. We kunnen geen kokosnoten krijgen uit een plaatje van een kokospalm. Als we de blauwdruk van een huis getekend hebben, is het niet mogelijk daarin te wonen. We moeten het huis bouwen volgens de tekening; pas dan kunnen we erin wonen. Geschriften zijn zoals het plaatje of de blauwdruk. We moeten werken om het doel te bereiken.'

Amma legt de nadruk op meditatie. Allereerst, wat is meditatie? Sommigen van ons hebben misschien het boek de *Yoga Sutra's van Patanjali* gelezen. Dit bevat een van de meest wetenschappelijke en analytische gedachtesystemen die de mens kent. Het gaat niet over de wetenschap van materie maar over de wetenschap van controle over de geest, de meest waardevolle kennis voor hen die blijvend innerlijke vrede wensen.

Het begint met de definitie van de grondbeginselen van yoga:

'Yoga is de beteugeling van de veranderingen van de geest. Dan is de ziener gevestigd in zichzelf. Anders is hij van dezelfde vorm als de gedachtestromen.'

Hoofdstuk 1, vers 2-4

Wie is de ziener? Datgene in ieder van ons dat 'Ik' zegt is de ziener, het subject. Gewoonlijk identificeert de ziener zich met de geest en het lichaam. Door beheersing van gedachten houdt die identificatie op en wat overblijft, is onze ware natuur, het pure 'Ik'. Het klinkt heel eenvoudig en dat is het ook, maar de oneindige complexiteit van de geest is niet iets om eenvoudig mee om te gaan. Eenvoudig en gemakkelijk is niet hetzelfde in spirituele oefeningen.

Waarom de geest beheersen?

Maar waarom de geest beheersen? Amma vertelt ons onvermoeibaar dat we nooit echt gelukkig kunnen zijn tenzij de geest rustig wordt, tenzij we vrede genieten die voortkomt uit beheersing van de geest. We hebben misschien alles wat we willen: een fantastische vrouw of man, kinderen, een goede baan, een levens- en ziektekostenverzekering, een vette bankrekening enzovoorts enzovoorts. De innerlijke vrede die we van al deze wereldse dingen krijgen, is zeer breekbaar en kan ieder moment veranderen. Veronderstel dat we ons geld verliezen, dat de aandelenmarkt instort, de inflatie toeneemt, we een ongeluk krijgen, we ziek worden of dat onze geliefden sterven? Er kan op ieder moment van alles misgaan. Als onze vrede alleen is gebaseerd op uiterlijke zaken en omstandigheden, zijn we zoals 'een vogel die onveilig op een droge tak zit.'

Amma zegt ons dat het beter is om onze geest te versterken dan zijn vrede afhankelijk te laten zijn van mensen en dingen; en de enige manier om dat te doen is door meditatie en andere sadhana's die dit aanvullen; er is geen andere manier.

Zoals de zwaartekracht in het materiële universum is er een constante kracht, Maya genaamd, die onze geest en zintuigen naar buiten trekt, naar de wereld. Het versluiert ook de ware aard van ons intellect en doet ons geloven dat het lichaam en de geest ons zelf zijn. Daarom denken we dat geluk buiten ons is in plaats van in ons eigen Zelf. We krijgen een vage glimp van dat innerlijke geluk tijdens diepe slaap als er geen lichaamsbewustzijn of wereldbewustzijn is, alleen vrede. Gewoonlijk komen verlangens op, de een na de ander, in onze rusteloze zoektocht naar geluk en vrede. Zelfs als we een verlangen vervullen, voelen we ons misschien enige tijd gelukkig en vredig, maar uiteindelijk slijt het nieuwtje en ontstaat er een nieuw verlangen. Dit is de aard van Maya; het trekt ons altijd de verkeerde kant op, weg van ons Zelf. Het is als de spreekwoordelijke wortel die de os wordt voorgehouden opdat hij de wagen trekt. Na elk hapje, wordt hij keer op keer weggenomen, zelfs leven na leven. De os krijgt hem nooit!

'Het geluk dat uit de pleziertjes van de wereld voortkomt, is slechts een minieme weergave van de oneindige gelukzaligheid die vanuit je eigen Zelf komt.'

Amma

'Als je niet krijgt wat je wilt, lijd je; als je krijgt wat je niet wilt, lijd je; zelfs als je precies krijgt wat je wilt, lijd je nog steeds omdat je het niet voor altijd kunt vasthouden. Je geest is je beperking. Hij wil vrij van et al.

verandering zijn, vrij van pijn, vrij van de verplichtingen van leven en dood.'

Socrates

Veronderstel dat je om de een of andere reden een grote steen naar de top van een heuvel wilt rollen. Je besteedt misschien veel tijd aan het bestuderen hoe je dat het best kunt doen. Je bidt misschien tot God en roept dat je wat mededogen van Zijn kant nodig hebt, maar uiteindelijk zal je voortdurend uit alle macht tegen de zwaartekracht moeten vechten. Als je hem niet omhoog duwt, zal hij op dezelfde plaats blijven of naar beneden glijden. Zwaartekracht heeft geen respect voor personen. Je kunt niet verwachten dat hij zichzelf uitschakelt als jij duwt. Vuur zal branden of je nu zijn aard kent of niet. Of een kind of een volwassene zijn hand erin steekt, deze zal verbranden. Op dezelfde manier danst iedereen naar de pijpen van Maya, of ze het nu weten of niet, of ze het willen of niet. Als we willen ontsnappen aan zijn greep, is krachtige en voortdurende inspanning nodig, hoe intenser hoe beter. Zoals Amma zegt:

'We kunnen niet voorspellen wanneer we God zullen zien. Het hangt af van de hunkering van de zoeker en de geleverde inspanning. Als we met een gewone bus reizen, kunnen we er niet zeker van zijn wanneer we onze bestemming bereiken omdat de bus onderweg op veel plaatsen stopt. Een snelbus daarentegen stopt slechts op een beperkt aantal plaatsen, dus kunnen we zijn aankomsttijd redelijk nauwkeurig voorspellen. Zo ook, als we aan God denken zonder zelfs een moment te verspillen en met totale onthechting vooruitgaan, kunnen we het doel in korte tijd bereiken. Als er geen intensiteit in onze sadhana zit, is het niet eenvoudig te zeggen wanneer we aan zullen komen.'

Amma zegt dat het beter is om veel tijd te besteden aan meditatie dan aan het buitensporig bestuderen van de geschriften. Oefeningen moeten worden gedaan, hoe weinig ook. Om de geest onder controle te krijgen moeten we een keer beginnen, hoe eerder hoe beter. De geest zwerft de hele tijd rond als een rusteloze aap. Nadat we de huidige rusteloze natuur van de geest hebben begrepen, moeten we stappen nemen om hem te kalmeren en naar één punt terug te brengen. Hoewel er talloze manieren zijn om dat te doen, zegt Amma dat japa (dat naar meditatie leidt) de gemakkelijkste en meest probate manier is. Zelfs een beetje japa of andere sadhana zal uiteindelijk resultaat geven.

'De voordelen van meditatie gaan nooit verloren. Ze zullen altijd bij je blijven, klaar om op het juiste moment vrucht te dragen.'

Amma

'Er is geen verlies van inspanning hier, er is geen schade. Zelfs een klein beetje van deze devotie bevrijd iemand van grote angst.'

Bhagavad Gita, hoofdstuk 2, vers 40

Velen onder ons denken misschien dat we eenvoudigweg de tijd niet hebben om sadhana te doen. We denken misschien: 'Ik moet naar kantoor; ik moet voor de kinderen zorgen en voor het huis.' Eigenlijk kunnen we eindeloos dingen vinden die we moeten doen. De waarheid is dat als we nauwkeurig naar ons leven kijken, we een groot deel van de tijd besteden aan het denken van nutteloze gedachten. Kunnen we in plaats daarvan niet onze mantra herhalen of zingen? Natuurlijk kost het enige inspanning om aan die gewoonte te wennen, maar het is mogelijk.

Iemand zei me eens: 'Jij kunt praten over het doen van sadhana omdat jij niet in de wereld woont.' Feitelijk is het niet mogelijk om afstand van de wereld te nemen tenzij je een Mahatma in de transcendente staat van *samadhi* bent. Tot dat moment is er een wereld, waar je ook gaat. Zolang het lichaam bestaat, zal het in een of andere wereld zijn. We willen misschien de aarde verlaten en in de ruimte wonen, maar zelfs dat is een wereld. Echte verzaking betekent dat onze geest bezig is met japa, ook al verrichten we activiteit. Natuurlijk, sommige activiteiten zoals mentale werkzaamheden sluiten het doen van japa uit, maar elk ander moment moeten we voor japa, lezen van de geschriften, meditatie, zingen van bhajans, luisteren naar satsang of welke andere spirituele activiteit ook gebruiken in plaats van onze tijd te besteden aan praten met vrienden, lezen van tijdschriften en alle andere afleidingen van het dagelijks leven. Dan kunnen we snel spirituele vooruitgang boeken. Voordat we klagen bij Amma dat we ondanks de vele inspanning geen enkele vooruitgang boeken in ons spirituele leven, moeten we nauwkeurig kijken naar de hoeveelheid tijd die we verspillen met andere activiteiten en gedachten. We moeten voor ogen houden dat echte toewijding of meditatie bestaat uit het onafgebroken stromen naar God, 'zoals de onafgebroken stroom van olie tussen twee schalen.' We moeten bidden: 'Laat mijn geest constant naar U stromen zoals de Ganges naar de oceaan stroomt.'

HOOFDSTUK DRIE

Een ogenschijnlijk onmogelijke opgave

Beginnend bij de geboorte accepteren we onbewust dat het de aard van de geest is om voortdurend te denken. We trekken het nooit in twijfel. We kunnen goede gedachten of slechte gedachten of neutrale gedachten hebben. Gevoelens zijn ook gedachten evenals verlangens en angsten. Zo ook beelden en geluiden. De geest is een ruimte waarin gedachten komen en gaan. De geest zelf is noch goed noch slecht; het zijn de gedachten die wel of niet in overeenstemming met *dharma* zijn. Amma zegt dat de geest niets anders dan gedachten is en dat het daarom mogelijk is om het eindeloze gekwebbel van de geest stop te zetten en vrede te genieten, wat de ware natuur van de geest is. Eigenlijk is dat het echte doel van het menselijk bestaan: het stoppen van de denkende geest en ervaren wat er vervolgens gebeurt, de vrede die alle begrip te boven gaat.

Ofschoon dit diepgaande idee zo oud is als de oude Indiase wijzen, verdient het onze aandacht. Het gebeurt voor onze ogen, zo overduidelijk, maar we merken de geest zelfs niet op totdat hij ondraaglijk wordt. De oude wijzen zeggen dat dankzij veel goed karma uit het verleden het verlangen om de geest te begrijpen, te overwinnen en vrij te zijn van zijn tirannie ontstaat. Voor de meeste mensen neemt vooringenomenheid met uiterlijkheden al hun tijd in beslag. Ze kennen heel weinig zelfreflectie.

Iedereen verlangt een vredige geest. Niemand wil door de geest getiranniseerd worden. Om dat te laten gebeuren heeft ieder van ons een innerlijk leven nodig dat aan dat doel is gewijd. Het doet er echt niet toe of iemand een monnik is of niet. Wat de levensstijl ook is, de geest zal er zijn en moet beteugeld worden. Iedereen heeft moeilijkheden. Er zijn veel spiritueel succesvolle niet-monastieke sadhaks geweest en ook veel spirituele mislukkingen onder monniken. Belangrijk is of iemand zijn best doet.

Begrijp eerst de aard van de vijand

Om een vijand te overwinnen moet de aard van de vijand begrepen worden. Slechts dan zal onze inspanning succes hebben. Amma zegt dat de geest een verzameling schijnbaar eindeloze gedachten is. We kunnen de geest met een meer vergelijken. Als er geen wind is, is de oppervlakte van het meer kalm. Als er wind is, zullen er volop golven ontstaan. Hoe krachtiger de wind, hoe hoger de golven. In het geval van de geest, wat is de wind? Verlangens en angst.

We hebben een diepgeworteld verlangen naar geluk, oneindig en zonder verdriet. Maar hoe pakken we het aan dit te bereiken? We weten dat we zo af en toe geluk hebben ervaren. Wat was de oorzaak? Als we het terugbrengen naar de essentie, brengt de bevrediging van een verlangen een gevoel van geluk of vrede voort. Verlangens zijn er in alle soorten, maar zolang de geest erdoor geobsedeerd is, veroorzaken ze een gevoel van rusteloosheid totdat ze worden bevredigd. Hetzelfde geldt voor angsten. Totdat we ons bevrijden van de oorzaak van onze angst, kunnen we niet gelukkig zijn. Het weghalen van angst resulteert in geluk of vrede.

Is het dus noodzakelijk om altijd geluk te zoeken door verlangens te bevredigen? Is dat ook maar mogelijk? Verlangens zijn eindeloos en de bevrediging van de een zal gevolgd worden door het opkomen van de volgende. Als we onze geest nauwkeurig observeren, lijkt het dat de vrede die we ervaren na de vervulling van een verlangen datgene is wat we geluk noemen. Omdat het komt door het stil worden van de geest, is het dan niet mogelijk om de geest opzettelijk te kalmeren en geluk te ervaren? Helaas zijn we totaal geabsorbeerd door het idee dat de oorzaak van geluk ligt in het verwerkelijken van onze verlangens en het verwijderen van onze angst en pijn. We zijn diep verzonken in die illusie. Het feit dat bijna iedereen die we kennen aan dezelfde illusie lijdt, maakt het moeilijk om serieus te worden over ontwaken.

Een angstige droom maakt ons effectief wakker uit onze slaap. Dat is niet het geval als we een plezierige droom hebben. Het lijkt erop dat een leven vol plezier en genoegens niet bevorderlijk is voor het serieus denken over het onderwerp van het leven en de dood. Sommige mensen nemen hun toevlucht tot hogere doelen door de ervaring van de pijnlijke of tragische kanten van het leven. Overigens kan het gezelschap van een Mahatma zoals Amma hetzelfde doen.

De noodzaak van meditatie

Amma wijst degenen die naar haar toe komen erop dat onze ware aard datgene is wat we voortdurend maar abusievelijk met onze zintuigen en naar buiten gericht leven zoeken. We krijgen een glimp hiervan als de geest een paar momenten stil is na een nogal pijnlijke zoektocht, als een gewenst object wordt verkregen of een pijnlijk object wordt verwijderd. Waarom is droomloze slaap zo fijn voor ons? Waarom voorzien we ons van kussens, een zacht bed, een ventilator en een rustige omgeving? Omdat we in die tijd vrij zijn van de eindeloze afleiding door de zintuigen en de tirannie van de rusteloze geest. We verzinken in ons Zelf. Maar om dat tot een permanente toestand te maken, moeten we, als we in de waaktoestand zijn, pogingen doen om de geest af te laten dalen in zijn bron, het Zelf. Hoe doen we dat? Amma vraagt ons om te mediteren om de geest langzamer te laten werken en uiteindelijk stil te zetten. Mensen zijn van nature niet geneigd dit te doen, maar het beoefenen van meditatie is tamelijk algemeen geworden in de wereld van vandaag met talloze vormen van meditatie om voor iedereen aantrekkelijk te zijn. De onmiddellijke voordelen zoals vermindering van stress en betere gezondheid zijn algemeen erkend en hiervan wordt niet alleen door individuen maar ook door grote bedrijven en overheidsinstanties gebruik gemaakt

Op dit moment zijn onze gedachten als mosterdzaadjes die op de grond zijn gevallen; ze liggen overal verspreid. Een grote inspanning is vereist om ze allemaal bij elkaar te krijgen. Succes in meditatie hangt af van het verkrijgen van concentratie. Stel je voor dat je een draad door een naald moet steken; het is een uiterlijke activiteit die veel concentratie vereist. Als je dat doet, wordt de ademhaling langzamer en wordt de geest geconcentreerd. Het proces van meditatie is hiermee vergelijkbaar. Het kan gedaan worden met gebruikmaking van een extern object of een innerlijke klank, afbeelding of gevoel waar we ons op richten. Amma zegt:

'Kinderen, de geest dwingen om te mediteren is zoals proberen om een stuk hout in water onder te dompelen. Als je grip losser wordt, zal het hout ogenblikkelijk omhoog komen. Als meditatie niet mogelijk is, doe dan japa. Door japa zal de geest ontvankelijk worden voor meditatie. Aanvankelijk is meditatie op een vorm noodzakelijk. Hierdoor zal de geest gefixeerd raken op de geliefde Godheid (*ishta devata*). Hoe men ook mediteert, wat het object van meditatie ook is, concentratie is belangrijk. Wat is het nut van postzegels plakken op een brief als we er geen adres op schrijven? Japa en meditatie zonder concentratie lijken daarop.'

Het punt dat Amma hier maakt is natuurlijk dat concentratie essentieel is en dat meditatie niet gemakkelijk is, maar kan worden bereikt door de juiste hulpmiddelen, zoals japa, en door volharding. Amma vergelijkt spirituele oefeningen soms met pogingen om een kokospalm te beklimmen. Er zijn miljoenen kokospalmen in Kerala, waar Amma woont. Weet je hoe ze de kokosnoten uit de boom krijgen? Er zijn geen plukmachines of hoogwerkers die gebruikt kunnen worden om mensen zo hoog te krijgen. Iemand moet de boom in klimmen. Zo iemand heeft meestal niet eens een touw aan de kokospalm gebonden om te voorkomen dat hij valt. Hij klimt gewoon naar de top, houdt zich vast met zijn voeten en één hand en snijdt met zijn andere hand de kokosnoten af met een groot mes. Als iemand ooit heeft geprobeerd een kokospalm te beklimmen, weet hij hoe moeilijk dit is. Je komt misschien een halve meter omhoog, maar dan glijd je naar beneden; er is niets om je aan vast te houden. De klimmers hakken inkepingen in de boom zodat ze in ieder geval enig houvast hebben, maar dat is niet iets waarvan je je leven wil laten afhangen. Tot kortgeleden werd je gewoonlijk kokospalmklimmer, als je in een familie van kokospalmklimmers werd geboren, of je het nu leuk vond of niet. Zo verdien je de kost. De kokospalmklimmer leert zijn zoon elke keer een beetje meer, keer op keer, totdat hij succesvol is. Hij kan niet opgeven omdat het alleen maar moeilijk is. Hoe moet zijn familie anders overleven?

Op een bepaald moment zullen we beseffen dat er geen andere manier is om vrede te bereiken dan door de geest te kalmeren. Dan zullen we die krachtige 'alles of niets' poging ondernemen om het doel te bereiken, wat de moeilijkheden ook zijn. We zullen niet vijf minuten proberen te mediteren en dan tegen onszelf zeggen: 'Ach, vergeet het. Ik kan mijn geest niet onder controle krijgen. Hij is te rusteloos.' Zoals de gezegdes luiden: 'Als je niet in het begin slaagt, probeer het dan opnieuw en opnieuw,' en 'Oefening baart kunst'. De geest stil proberen te krijgen en zijn vertrekpunt te bereiken is zoals het stroomopwaarts zwemmen in een sterk stromende rivier om de bron proberen te bereiken; het is mogelijk, maar alleen met grote moeite.

Iedere *sadhak* heeft dezelfde ervaring dat na herhaalde pogingen om de geest onder controle te krijgen, het een onmogelijke taak lijkt. In de Bhagavad Gita zegt Krishna's toegewijde Arjuna hetzelfde tegen hem en de Heer moedigt hem aan met een heel effectief advies.

Arjuna zei:

'Deze Yoga in gelijkmoedigheid, zoals geleerd door U, Vernietiger van Madhu, ik zie zijn gestage vooruitgang niet vanwege de rusteloosheid (van de geest).
De geest is waarlijk rusteloos, turbulent, krachtig en hardnekkig, o Krishna. Daarom acht ik de beteugeling hiervan zo moeilijk als die van de wind.'
De gezegende Heer zei:
'Het is ongetwijfeld waar, o goed bewapende, dat de geest moeilijk in toom te houden en rusteloos is; maar *door oefening*, zoon van Kunti, en *door onverschilligheid* kan hij worden bedwongen.'

Hoofdstuk 6, vers 33-35

Amma zegt als je niet kunt mediteren, doe dan japa. Japa is het herhalen van een *mantra* of de namen van God. Enkele van de grootste heiligen in India werden groot door japa. Onzelfzuchtige dienstverlening, zingen van Gods lof (*bhajans*), japa en vervolgens

meditatie (*dhyana*) zuiveren geleidelijk aan de geest van gedachten
en leiden tot *samadhi,* verzinking in God, de bron van de geest.
De opdracht om een kalme geest te bereiken is waarlijk een
oefening in nederigheid. Uiteindelijk realiseren we ons dat onze
inspanning alleen niet genoeg zal zijn. Dan ontstaat toewijding,
voortkomend uit een gevoel van hulpeloosheid.

Het belang van inspanning

Mirabai was een Indiase prinses en een groot heilige, een toegewijde van Krishna uit de 16ᵈᵉ eeuw. Ze herhaalde altijd de naam
van Heer Krishna. Tulasi Das, de auteur van het vermaarde
devotionele boek *Ramacharitamanasa* of *Tulasi Ramayana,* herhaalde altijd: 'Ram, Ram.' Namadev zong: 'Rama Krishna Hari.'
Al deze Mahatma's en velen voor en na hen herhaalden steeds
weer de naam van God totdat er geen andere gedachten in hun
geest waren dan de gedachte aan God. Als men die staat bereikt,
schijnt de gelukzalige aanwezigheid van God in die zuivere geest
door Zijn genade. Zowel onze inspanning als Gods genade zijn
nodig om die vredige, gelukkige staat te bereiken.

Er was eens een vrouw die drie zonen had. Haar echtgenoot
was kort na de geboorte van de jongste zoon gestorven en dus
moest ze hen helemaal alleen opvoeden. Ze bleken allen uitzon-
derlijke mensen te zijn. Een familielid dat hen zag, vroeg: 'Hoe
heb je al die prachtige kinderen helemaal alleen opgevoed?'

'Ach, het kostte moed en genade,' antwoordde ze.

'Wat bedoel je daarmee?'

'Ik bad gewoonlijk tot God: 'Ik zorg voor de moed en U
geeft de genade.''

Er is een heel algemeen gezegde: 'God helpt diegenen die zichzelf helpen.' Hetzelfde geldt voor het spirituele leven. We zullen
de genade van God of onze Goeroe niet krijgen door alleen stil

te zitten. Onze oprechtheid, nederigheid en inspanning trekken de genade aan. Iemand die genade ontvangt, weet dat hij niets is en dat God alles is. Hoe nederiger hij door genade wordt, des te meer genade stroomt er naar hem toe. Zoals Amma zegt:

'Hoeveel het ook regent, het water zal niet op het dak van een huis blijven liggen of op de top van een berg. Vanaf de berg zal al het water naar de dalen stromen. We verkrijgen niets, zolang het gevoel van 'ik' blijft. Genade zal naar ons stromen als we de nederige houding hebben: 'Ik ben niets.' De egoïst zal geen gebruik maken van de gunstige omstandigheden die hem zijn gegeven. We moeten altijd de houding hebben: 'Ik ben niets.'

'Als het zaadje moet ontkiemen, zal het onder de grond moeten gaan met de houding: 'Ik ben niets.' Het kan niet uitgroeien tot zijn ware aard als plant als het hooghartig denkt: 'Waarom zou ik moeten buigen voor deze vuile aarde?' Evenzo zal onze Ware Aard zich slechts dan ontvouwen als wij nederigheid ontwikkelen en cultiveren en ons ego gedwongen wordt diep te buigen voor het Opperste Wezen en Zijn schepping, waarbij het alles als Hem visualiseert. Zij die denken: 'Ik ben belangrijk en iets speciaals' zijn in werkelijkheid kleiner dan ieder ander. Ze zullen altijd proberen hun ego te projecteren als ze bezig zijn met hun handelingen. Net zoals een te hard opgeblazen ballon, zullen ze op een dag barsten. De echt belangrijke mensen zijn zij die zichzelf als dienaren van God beschouwen en die iedereen in nederigheid en eenvoud dienen. De Opperste Werkelijkheid is in ons, maar we zijn ons er niet van bewust. We blijven door ons ego op het wereldse niveau van het bestaan en daarom kennen we deze waarheid niet.'

Een Mahatma is niet iemand met een groot ego maar juist met een grote ziel, vrij van het ego.

Verschillende vormen van nederigheid

Op een dag ging een machtige koning naar een moskee om te bidden. Hij ging vroeg in de ochtend toen er niemand anders was. Hij knielde neer en bad: 'O God, ik ben niets, louter het stof van Uw voeten.' Nadat hij dit had gezegd, hoorde hij plotseling iemand anders dezelfde woorden in een ander deel van de moskee herhalen. De koning was geïrriteerd. Hij schreeuwde: 'Wie zegt dat hij niemand is? Als ik zeg dat ik niemand ben, wie beweert er dan dat hij ook niemand is?' De koning ging toen op zoek naar de zondaar en ontdekte dat het een bedelaar was. Hij zei: 'Onthoud dat als een koning zegt dat hij niemand is, niemand anders dit kan beweren, vooral jij niet, een eenvoudige bedelaar!' Soms wordt zelfs nederigheid een bron van trots!

Er wordt gezegd dat een echt nederig mens zich zelfs niet bewust is van zijn nederigheid.

Lang geleden leefde er een heilige die zo goed was dat zelfs de goden vanuit de hemel naar beneden kwamen om hem te zien. Ze vroegen God om hem de kracht te geven om wonderen te verrichten, wat God toestond.

'Ga naar hem toe en vraag welke wonderen hij wil kunnen verrichten,' zei de Heer tegen de goden.

Toen sommige goden, die erg leken op de goden uit Rome met al hun menselijke gebreken, bij de heilige kwamen, vroegen ze hem welke wonderbaarlijke krachten hij zou willen hebben. 'Ik wil niets dan de genade van God. Als iemand Zijn genade heeft, heeft hij alles,' antwoordde de heilige.

'Maar je moet een gunst vragen anders zal je er gedwongen een krijgen,' zeiden de onwetende goden.

'Prima,' antwoordde de heilige. 'Verleen mij de gunst dat ik heel veel goeds zal doen zonder het ooit te weten.'

De goden stonden perplex. Ze belegden een vergadering en besloten tot het volgende plan. Elke keer als de schaduw van de heilige ergens zou vallen waar hij deze niet kon zien, zou het de kracht hebben om ziektes te genezen en te verzachten en degenen die lijden te troosten. En dus werden overal waar de heilige heen ging, dorre paden groen, bloeiden verwelkte bomen op, begonnen opgedroogde rivieren te stromen en werden de mensen om hem heen gelukkig. Toch wist hij hier niets van. Hij ging gewoon door met zijn dagelijks leven waarbij hij deugd verspreidde zoals een bloem parfum verspreidt, zonder dat hij zich ervan bewust was.

Inspanning en genade

Op een ochtend zat een groep bewoners in de open ruimte voor de ashramhut waar Amma in die tijd woonde. Amma was gaan zitten voordat ik aankwam en was aan het mediteren. Ik ging ook stilletjes zitten. Toen ik probeerde te mediteren, ontdekte ik dat het was alsof ik een dronken aap onder controle probeerde te krijgen. Plotseling werd mijn geest stil en geconcentreerd. Ik begreep niet wat er was gebeurd. Ik opende mijn ogen en zag Amma mediteren op ongeveer zes meter afstand. Ik stond op en ging naar de hut om te rusten. Kort daarna kwam Amma binnen. Ze vroeg me hoe mijn meditatie was. Toen ik haar vertelde wat er was gebeurd, zei ze: 'Toen je kwam en dicht bij me zat, voelde ik je daar en mijn geest richtte zich die kant op. Hij nam de vorm van Brahman aan en ging naar jou. Daarom werd je geest geconcentreerd.'

Hoe neemt de geest de vorm van Brahman aan? Ik heb geen flauw idee, maar dit waren Amma's woorden.

'Amma, was dat Uw genade?'

'Waarom twijfel je?'

'Wel, ik zou het graag permanenter maken. Hoe kan ik wat meer van die genade krijgen?'

'Zoon, het is niet iets wat je in een winkel kunt kopen; je moet er alleen naar verlangen. Dat is alles.'

'Moet ik het verdienen?' vroeg ik.

'Je kunt het niet verdienen. Genade is niet iets wat je verdient. Het stroomt alleen maar. Ga door met je *sadhana* en als het Amma's geest raakt, zal de genade naar je toe stromen; dat is alles.'

Misschien denken sommige toegewijden: 'Ik heb vandaag tien minuten gemediteerd, dus zal ik op zijn minst vijf seconden genade moeten krijgen.' Werken voor genade is geen zakendeal. We moeten eraan werken maar mogen niet verwachten dat we het zelfs na een heel leven zullen krijgen. Toch moeten we onze plicht doen en afwachten.

Sommigen zeggen misschien: 'Die persoon deed nauwelijks sadhana en toch heeft hij Gods genade gekregen en werd van de ene op de andere dag heilig, zo maar ineens.' Als we zo'n zeldzame ziel zien, moet hij veel *tapas* hebben gedaan in vorige levens.

In Noord India zijn er veel oude landhuizen gebouwd tijdens de Britse bezetting honderden jaren geleden. Op een dag waren een tuinman en zijn personeel de grond van een zo'n landhuis aan het schoonmaken door alle onkruid en alle overwoekeringen te verwijderen. Plotseling raakte de schoffel van de tuinman iets hards en een straal water spoot omhoog de lucht in. Iedereen was verrast en riep: 'Hé, waar kwam dat vandaan?' Toen ze op zoek gingen vonden ze een complete bron die eeuwenlang bedekt was geweest met plantengroei. Evenzo, als we iemand zien of van iemand horen die een hoge spirituele staat heeft bereikt door weinig of geen inspanning, was het niet dankzij een speciale genade maar dankzij zijn intense inspanning in een ander leven die nu zijn vruchten afwerpt.

Op een keer legde een vogeltje een ei aan de kust van de oceaan. Het ei werd natuurlijk snel weggespoeld door de golven. Dit arme vogeltje was nu zeer ontzet en boos. Om de oceaan droog te maken en haar ei terug te krijgen begon ze haar vleugels in de oceaan te dopen en ze vervolgens op het land uit te schudden. Dit ging een heel lang door. Uiteindelijk kwam Garuda, de hemelse koning van de vogels kijken wat er gaande was met deze kleine toegewijde.

'Wat ben je aan het doen?' vroeg hij het vogeltje. Toen hij het probleem hoorde, smolt Garuda's hart van mededogen voor de situatie waarin het arme vogeltje zich bevond. Hij begon zijn vleugels uit te slaan en omdat hij veel kracht had, bracht hij vloedgolven teweeg en bracht de oceaan en zijn bewoners in beroering. Uiteindelijk kwam de god van de oceaan en vroeg: 'Wat is er aan de hand, Heer?'

Garuda zei: 'U hebt het ei van dit vogeltje weggenomen.'

'Echt waar? Ik heb het niet eens gemerkt.'

'Geef het terug of anders stop ik niet met het slaan van mijn vleugels totdat je drooggelegd bent.'

Dus ging de oceaan op zoek, vond het ei en gaf het terug aan het vogeltje.

Dit is een verhaal uit de *Upanishaden*. Het beschrijft de werking van genade. Hoewel de taak van het onderwerpen van de geest en het ervaren van het Zelf onmogelijk lijkt in onze huidige staat van identificatie met lichaam en geest, zal onze intense inspanning uiteindelijk het hart van onze Goeroe raken en zal genade stromen, waarbij alle sporen van Maya verwijderd worden en we verheven worden tot onze Ware Natuur. We moeten de

inspanning verrichten en dan afwachten. De Goeroe kent haar
verantwoordelijkheid.

HOOFDSTUK VIER

Contact met Brahman

In de 9de eeuw leefde in Perzië een soefi mysticus, genaamd Mansur Al Hallaj. Hij wordt beschouwd als de meest controversiële figuur in de geschiedenis van het Islamitische mysticisme en het prototype van iemand die God extatisch liefheeft. Als hij in een goddelijke stemming was, riep hij uit: 'Anna al Haqq' wat 'Ik ben de Waarheid' betekent. Soms riep hij uit: 'Er is niets in mijn tulband gewikkeld dan God. Er is niets in mijn mantel dan God. Ik ben Hem Die ik lief heb, en Hij die ik lief heb ben ik. We zijn twee geesten die in één lichaam wonen. Als je mij ziet, zie je Hem; als je Hem ziet, zie je ons allebei.' Het werd door niet-soefi moslims en zelfs door sommige soefi's als godslastering beschouwd, als iemand zei: 'Ik ben de Waarheid'. God is de enige Waarheid. Hoe kan iemand de Waarheid zijn? In die tijd en op die plek vonden de mensen die bij hem woonden dat het schandelijk was om zoiets te zeggen. Deze vorm van mystieke uitingen leidde tot een lang proces en vervolgens tot zijn gevangenneming en martelingen gedurende elf jaar in een gevangenis in Bagdad, waarna hij terechtgesteld werd. Heel jammer dat hij niet in India was geboren waar zulke mensen worden vereerd als Mahatma's.

Hij had het Zelf gerealiseerd, het Atman. Hij ervoer duidelijk dat het lichaam niet zijn Zelf was. Toen Sri Ramakrishna, de grote heilige uit Calcutta uit de 19de eeuw, door een paar toegewijden werd verteld dat een yogi in het volgende dorp door een paar onwetende dorpelingen werd gemarteld en gedood, zei hij:

'Het lichaam wordt geboren en het zal sterven. Maar voor de ziel bestaat er geen dood. Het is zoals de betelnoot. Als de noot rijp is, plakt hij niet aan de schil. Maar als hij groen is, is het moeilijk om hem van de schil te scheiden. Na God gerealiseerd te hebben, identificeer je je niet meer met het lichaam. Dan weet je dat lichaam en ziel twee verschillende dingen zijn.

The Gospel of Ramakrishna

Mansur Al Hallaj lijkt heel veel op Jezus. Voor Jezus had er waarschijnlijk niemand in Israel de opperste heilige staat van Godsrealisatie bereikt. Zonder de minste aarzeling verklaarde Jezus: 'Ik en de Vader zijn één. Als je mij had gekend, zou je mijn Vader ook hebben gekend; van nu af aan ken je Hem en heb je Hem gezien. Ik ben de weg, de waarheid en het leven.' Hij werd uiteindelijk ook uit de weg geruimd door spiritueel onwetende mensen.

Deze wijzen voelden hun eenheid met de Absolute Werkelijkheid. Het is zo ver voorbij onze verbeelding, dat we Dat zijn, dat we onsterfelijk en eeuwig zijn. In werkelijkheid is zelfs de meest afgelegen ster in het universum in ons, niet buiten ons. Dat is de ervaring die Amma heeft als ze in haar lied *Ananda Veethiyil* zingt:

'Moeder (Devi) vroeg me om de mensen te vragen het doel van hun menselijk leven te verwezenlijken. Mijn geest bloeide, baadde in het veelkleurige licht van Goddelijkheid.

Vanaf die dag was ik niet in staat om wat dan ook als verschillend of afgescheiden van mijn eigen innerlijke Zelf waar te nemen, alles was één enkele Eenheid.'

Dat is de ervaring waarnaar we moeten streven. Hiertoe probeert Amma ons te inspireren door het voorbeeld van haar leven. Hoe lang het ook mag duren, het is het waard. De Bhagavad Gita zegt:

'Als gedachten stil zijn, beteugeld door de beoefening van yoga; als we het Zelf zien met het Zelf, is hij tevreden in zijn eigen Zelf; als hij weet dat Oneindige Vreugde die de zintuigen overstijgt, omvat kan worden door rede; als hij, gevestigd in het Zelf, nooit van de Werkelijkheid wijkt; als hij na het verkregen te hebben geen ander bezit als daaraan superieur beschouwt; als hij wanneer hij daarin gevestigd is, zelfs niet worden geraakt door groot lijden; deze verbreking van eenheid met pijn, weet dat dat eenheid (Yoga) wordt genoemd. Die Yoga moet beoefend worden met vastberadenheid en met een hart dat niet terneergeslagen is.'

Hoofdstuk 6, vers 20-23

Echt, er is niets wenselijker dan Godsrealisatie. Er is geen hoger doel. Als we zelfs maar een glimp van God, onze eigen Ware Natuur, krijgen, zal alle plezier en geluk dat we ervaren, worden begrepen als een flauwe afspiegeling van Dat. Op de een of andere manier zijn we dat volledig vergeten; we hebben ons ervan afgekeerd en we zijn extraverte zielen geworden, beperkt door lichaamsbewustzijn.

Het unieke van India

In 1987 ging Amma voor het eerst naar de Verenigde Staten. De ochtend na haar aankomst ging ik naar haar kamer om te zien hoe ze zich voelde na die lange reis. Ik had ook iets wat ik haar wilde vragen:

'Amma, de oude Indiase geschriften zoals de *Srimad Bhagavatam* zeggen dat het aan veel verdienste (*punyam*) is toe te schrijven dat iemand in India wordt geboren. Maar nu ik hier ben en kijk naar het leven van de gemiddelde mens hier en in India, lijkt het dat de mensen daar veel meer lijden. Dus wat is de betekenis van dat gezegde?' Het antwoord dat ze gaf, had ik niet verwacht: 'Zoon, het is waar dat het leven van de gemiddelde mens in India meer lijden in zich heeft dan dat van de mensen hier. Maar als iemand in India wordt geboren, wordt hij zich bewust van de filosofie van *Sanatana Dharma* die ons leert dat het ultieme doel van het menselijk leven Zelfrealisatie is, bevrijding van de schijnbaar oneindige cyclus van geboorte en dood (*samsara*). Eigenlijk zijn de concepten van samsara en bevrijding uniek voor India. Als je ze in andere landen vindt, kun je er zeker van zijn dat hun oorsprong in het verre verleden in India lag. Al duizenden jaren zijn er talloze Mahatma's en ontelbare toegewijden in India geboren die het pad naar bevrijding hebben gevolgd. Die vibraties doordringen de atmosfeer zelfs vandaag de dag. We kunnen hier gebruik van maken door een leven van toewijding en zelfdiscipline te volgen. Dit is niet het geval buiten India.'

Omdat we de hogere spirituele waarheden zijn vergeten en een totaal materialistisch leven leiden, lijkt de wereld zo echt en God of het Zelf lijkt volslagen onwerkelijk. Maar veel fortuinlijke mensen voelen een kleine weerspiegeling van Dat als ze omhelsd worden door Amma. Die omhelzing brengt talloze zielen op het pad naar bevrijding, de toestand voorbij pijn.

Heer Krishna zegt: 'De verbreking van de eenheid met pijn wordt 'yoga' genoemd.' Die yoga moet beoefend worden met vastberadenheid en met een hart dat niet terneergeslagen is.'

Als we voor altijd bevrijd willen worden van alle soorten pijn – fysieke, mentale en emotionele pijn, iedere denkbare soort pijn – dan is er geen andere manier: we moeten de toestand van yoga bereiken. Yoga betekent eenheid. Eenheid met wat? Met ons eigen Zelf. Op dit moment hebben de geest en het lichaam de plaats van ons Zelf ingenomen. We zijn gescheiden van onze ware natuur. We voelen dat het lichaam 'mij' is, de persoonlijkheid of het ego 'mij' is. Dat is een pijnlijke toestand. We ondernemen dingen om van die pijn af te komen. Zoeken naar plezier is een poging om de pijn van individualiteit, van ons kleine, onechte zelf te vergeten. We houden zoveel van slaap omdat we dan ons kleine zelf voor een langere periode volledig kunnen vergeten. Directe ervaring van het Zelf is het einde van pijn.

We moeten de oefeningen die daartoe leiden, doen met vastberadenheid en een hart dat niet terneergeslagen is. Waarom zegt Krishna: 'met een niet terneergeslagen hart'? Gewoonlijk werken we om de vervulling van onze verlangens te bereiken, maar als we proberen om de ervaring van het Zelf te bereiken, ontdekken we dat verlangens onze geest en zintuigen in de tegenovergestelde richting trekken. We proberen om de geest te kalmeren om naar binnen te kunnen keren, naar zijn bron te gaan, maar ondanks onze wens om te slagen, houdt de kracht van onze verlangens uit het verleden onze geest voortdurend rusteloos en naar buiten gericht. Het is als proberen om een kurk onder water te krijgen – bijna onmogelijk. Als dit lange tijd wordt nagestreefd, kan deze strijd resulteren in teleurstelling of depressie. Maar echte leerlingen kunnen en zullen niet opgeven. Hoe kunnen ze dat? In het geval van Amma's toegewijden, die hebben iets ervaren voorbij het genot van de zintuigen. Zij hebben in ieder geval voor een moment de bovenste lagen van het Zelf aangeraakt, dankzij de spirituele kracht die Amma uitstraalt. De meesten van hen kunnen dat gevoel van zuiverheid, onschuld en eenvoudige vrede niet vergeten.

Daarom zegt Heer Krishna in de Gita:

'Zonder reserve alle uit de verbeelding voortkomende verlangens opgevend, alle zinnen uit alle hoeken van de geest beetje bij beetje beteugelend, laat hij zich terugtrekken door de rede standvastig te beheersen; de geest in het Zelf gevestigd houdend, laat hem aan niets denken.

Door welke oorzaak dan ook de wispelturige en onevenwichtige geest afdwaalt, laat hem die intomen en onder de directe controle van het Zelf terugbrengen.

Opperste Gelukzaligheid komt waarlijk tot die Yogi, van wie de geest heel rustig is, van wie de passie tot bedaren is gebracht, die Brahman is geworden, die onbezoedeld is.

De yogi die aldus het zelf altijd stabiel houdt en vrij van zonden is, bereikt met gemak de oneindige gelukzaligheid van het contact met het Hoogste Brahman.'

Hoofdstuk 6, vers 24-28

Hij herinnert ons eraan dat verlangens uit de 'verbeelding' voortkomen. Dit betekent dat als we onze verlangens analyseren, er echt weinig werkelijkheid in zit. We stellen ons voor dat we gelukkig zullen zijn door onze verlangens te bevredigen en we krijgen voor een tijdje een klein beetje plezier, maar dan verdampt het en verschijnt er weer een ander verlangen en opnieuw doen we pogingen om dat verlangen ook te bevredigen. Zo gaat dit door tot onze dood. We denken altijd: 'Als ik dat maar krijg, als ik dat maar doe, als ik daar maar naar toe ga, zal ik gelukkig worden.' Maar niet alleen is ons geluk niet blijvend, we worden er misschien zelfs ellendig van.

Geluk en plezier zijn twee verschillende dingen

Waar we in de wereld echt naar zoeken is plezier, maar geluk en plezier zijn twee verschillende dingen. Door onvoldoende na te denken nemen we aan dat plezier geluk *is* en dus denken we dat als we voor een constante stroom pleziertjes kunnen zorgen, we voortdurend gelukkig zullen zijn.

Maar het is onmogelijk om voortdurend te genieten van pleziertjes, hoewel velen het hebben geprobeerd, want plezier is door zijn aard beperkt. Onze zintuigen raken vermoeid en uitgeput door buitensporig gebruik en hetzelfde geldt voor onze geest. Ook is het zo dat iets wat ons de ene keer plezier verschaft, een andere keer pijn veroorzaakt. Uiteindelijk willen we, hoeveel plezier we ook mogen genieten, ten slotte onze geest uit alles terugtrekken en gaan slapen zodat we geluk onaangetast door de wereld en onze zintuigen ervaren. Dat is het ingeboren geluk van ons Zelf, al wordt het voor het grootste deel bedekt door de duisternis van onwetendheid. Door de juiste middelen te gebruiken kunnen we het geluk van het Zelf voor altijd helder ervaren, zelfs als we wakker zijn.

Beteugel de geest beetje bij beetje

Overdrijf niet als je probeert de geest te beteugelen omdat depressie en teleurstelling zullen volgen, als je dat doet. Het moet geleidelijk aan gebeuren. Zelfs de van computertechnologie voorziene auto's van tegenwoordig moeten langzaam ingereden worden, anders kan de auto beschadigd worden. De deskundigen zeggen 'vermijd de eerst 1000 mijl hogesnelheidstesten, wedstrijden of het trekken van zware aanhangwagens.' Ook als je gewicht gaat heffen en dit voor het eerst doet, kun je een spier verrekken of erger als je te veel optilt. Maar als je langzaam en geleidelijk je spiermassa opbouwt, zullen er geen ongelukken gebeuren. De

geest is ook een soort spier. Als je 'meer eet dan je kunt kauwen' zal er mentale en emotionele verstopping plaatsvinden. Uiteindelijk zal je ontmoedigd raken, depressief en neem je misschien wel afscheid van spirituele leven. Hoewel het doel van beteugeling is om de geest altijd stil te houden met gedachten over God of het Zelf, kost het op zijn minst levenslange oefening. Uiteindelijk wordt het gemakkelijk en natuurlijk zoals het berijden van een gehoorzaam paard. Er is een verhaal in de Griekse mythologie dat dit principe illustreert. De mythische held Milo van Croton werd de sterkste man ter wereld door een kalf op te tillen en het elke dag door zijn dorp te dragen totdat het een volwassen stier was geworden. Milo werd sterker door door te gaan met het optillen van het kalf terwijl het langzaam in omvang en gewicht groeide. Door te beginnen met het kalf en door te gaan met het tillen van het dier terwijl het geleidelijk aan groter en zwaarder werd, kon zijn lichaam zich aan de last aanpassen. Door langzaam de tijd van spirituele oefeningen uit te breiden kunnen wij evenzo op een comfortabele manier een toestand bereiken waarbij onze geest voortdurend in een spirituele staat is.

Onderzoek je gevoelens en gedachten

Heer Krishna zegt: 'Door welke oorzaak dan ook de wispelturige en onevenwichtige geest afdwaalt, laat hem die intomen en onder de directe controle van het zelf terugbrengen.' Dit idee is heel belangrijk. Als we ons kalmering van de geest als doel stellen, moeten we geleidelijk aan een naar binnen gerichte natuur ontwikkelen. Gewoonlijk doen we dat niet. We kijken naar en denken over andere dingen en mensen, maar niet over onszelf. We moeten onze geest observeren en zien wat ons zo erg afleidt dat we ons niet kunnen concentreren, dat we niet kalm kunnen

zijn. In feite is het de neiging om de naar buiten gerichte aantrek-
kingskracht van de zintuigen te volgen. Zoals Heer Krishna zegt:

'De onstandvastigen kennen geen wijsheid en de
onstandvastigen kennen geen meditatie; en er is geen
vrede voor hen die niet mediteren; hoe kan er dan geluk
zijn?
Want de geest die toegeeft aan de dwalende zintuigen,
neemt zijn kennis weg, zoals de wind een schip op het
water.
Daarom, o goed bewapende, hij wiens zintuigen volledig van zintuiglijke objecten bevrijd zijn, zijn kennis
is onwankelbaar.'

Bhagavad Gita, hoofdstuk 2, vers 66-68

In het begin lijkt dit misschien een onmogelijke opgave, maar
het moet gedaan worden. Geleidelijk aan zullen we begrijpen hoe
we zo rusteloos zijn geworden, hoe we zo afgeleid zijn geraakt.
Door het gebruikmaken van de kracht van introspectie, moeten
we de rusteloze geest keer op keer terugbrengen naar het object
van concentratie. Dit zal ook wilskracht ontwikkelen die velen
van ons ontberen.

Word vrij van alle negativiteit

Het meditatieve leven resulteert niet alleen in een vredige geest
maar ook, nog belangrijker, brengt het de ervaring van 'oneindige
gelukzaligheid door het contact met het Hoogste Brahman'. Als
de Gita het over bevrijding van zonden heeft, worden de gevolgen
van gedachten, woorden en daden bedoeld die het ervaren van
deze staat van contact met de gelukzaligheid van Brahman in de
weg staan. Als we vrij van smetten en van alle negativiteit zijn
geworden door sadhana, door tapas, dan ervaren we in ons het
oneindig gelukzalige contact met God. Met God wordt de ware

50

bron van de geest en de schepping bedoeld, die voor ons verborgen werd door ons eigen negatieve karma. We zullen volmaakt worden door die ervaring.

Jezus zei iets vergelijkbaars:

'U hebt gehoord dat er is gezegd: 'U zult uw naaste liefhebben en uw vijand haten'. Maar ik zeg u, heb uw vijanden lief en bid voor degenen die u achtervolgen, zodat u de zoon van uw Vader die in de hemel is, kan worden; want Hij laat Zijn zon rijzen over de kwaden en de goeden en zend regen naar de rechtvaardigen en onrechtvaardigen. Want als je degenen die van je houden liefhebt, welke beloning heb je dan? Doen de belastinginners niet hetzelfde? Als je alleen je broeders groet, wat doe je dan meer dan anderen? Doen zelfs de ongelovigen niet hetzelfde? Daarom moet je volmaakt zijn, zoals je hemelse Vader volmaakt is.'

Mattheus 5: 43-48

Het is interessant dat zijn woorden Amma's voorbeeld en lessen over universele liefde volmaakt weergeven.

Zelfs één moment van contact met Brahman brandt het karma van talloze levens weg. Als iemand zelfs maar de kleinste glimp van Dat heeft gehad, kan hij het de rest van zijn leven nooit vergeten; zo sterk is de intensiteit van Goddelijke Gelukzaligheid.

De kracht van Maya

Amma zegt:

'Maya, de grote kracht van illusie, duwt ons terug uit onze spirituele vooruitgang. We brengen onze dagen door in lichaamsbewustzijn met een hart vol verdriet. Wat jammer dat de duivel van verlangen, die ons aantast door illusoire verleidingen, ons terugschopt in de donkere afgrond van Maya en ons tot voedsel van de god van de dood maakt. Als je door hem gegrepen wordt, wee jou, want je zult je ziel verliezen. Alle zorgen verdwijnen alleen als je je verlangens opgeeft en je hoop alleen op God gericht houdt.'

Wat is deze Maya? Ieder van ons is de hele tijd ondergedompeld in Maya, hoewel we er ons niet bewust van zijn. We zijn zoals vissen op de bodem van de zee, onbewust van de uitgestrekte oceaan boven ons en de aarde en hemelen daarboven.

Iemand zei eens tegen me: 'Onlangs kreeg Maya me in zijn greep. Mijn *vasana's* kwamen naar boven.'

Ik vroeg: 'Is er enig moment dat Maya geen grip op ons heeft? Is er enig moment dat onze vasana's niet 'omhoog komen'? Misschien bedoel je dat enkele sterkere vasana's duidelijk voor je werden. Alleen in samadhi komen er geen vasana's op, er is daar geen Maya.'

We moeten de ernst van onze toestand onder ogen zien. We zijn altijd onder invloed van Maya; onze vasana's zijn altijd aanwezig. Ze zijn nooit weg, zelfs niet voor een moment; zelfs tijdens slaap zijn ze er in onze dromen. Zelfs in diepe slaap staan ze in potentie klaar om omhoog te komen zodra we wakker worden. Maya doet ons onze ware natuur vergeten en identificeert ons met het verkeerde, het lichaam. Het maakt ons extravert, wat goed kan zijn voor een werelds leven, maar niet voor iemand die probeert voorbij Maya te gaan. We moeten naar binnen kijken, naar ons Zelf, niet er vandaan.

Zoals Amma zegt: 'Het zorgt ervoor dat we illusoire verleidingen najagen, schopt ons dan de hel van Maya in en maakt ons tot voedsel voor de god van de dood.'

Er is een mantra in de Veda's die luidt:

'Leid ons van onwaarheid naar Waarheid, leid ons
van duisternis naar Licht, leid ons van de dood naar
Onsterfelijkheid!'

Brihadaranyaka Upanishad 1.3.28

Dat is onze toestand op dit moment. We bevinden ons in de duisternis van Maya. We zien het licht van God niet. We voelen onze onsterfelijkheid niet. We weten dat we zullen sterven. Amma zegt dat we onze onsterfelijkheid *kunnen* ervaren. We kunnen voorbij de dood gaan, maar niet als we ons door Maya laten bedonderen. Maya doet ons alleen de plezierige kant van zaken zien, nooit de pijnlijke kant. Als we de pijnlijke kant van iets zien, is dat een teken van genade. Als we proberen voorbij Maya te gaan, zal plezier ons altijd om de tuin leiden. We zeggen niet dat er niet zoiets is als plezier; plezier is er, het is heel erg reëel. Maar pijn dwingt ons om voorbij Maya te gaan, om toevlucht te zoeken in onze diepte, in God. Het zorgt ervoor dat we naar een uitweg zoeken uit onze ogenschijnlijk eeuwige gebondenheid in plaats van voortdurend met wereldse zaken bezig te zijn.

De leeuw en de omheining

Een leeuw werd gevangen genomen en in een omheind kamp gezet. Tot zijn verbazing trof hij daar andere leeuwen aan die daar al jaren zaten, sommige hun hele leven, omdat ze er waren geboren. Hij raakte snel bekend met de sociale activiteiten van de kampleeuwen. Ze verenigden zich in groepen. Een groep bestond uit gezelligheidsmensen, een andere deed aan showbusiness, weer een andere aan cultuur. Hun doel was om zorgvuldig de gewoontes, de tradities en de geschiedenis in stand te houden uit de tijd dat de leeuwen nog vrij waren. Andere groepen waren godsdienstig; zij kwamen vooral samen om ontroerende liederen te zingen over een toekomstige jungle waarin geen omheining zou zijn. Sommige groepen trokken degenen aan die literair en kunstzinnig van aard waren. Weer anderen waren revolutionair; zij kwamen bijeen om samen te zweren tegen hen die hun gevangen hadden genomen of tegen andere revolutionaire groepen. Zo nu en dan brak er een revolutie uit en werd een bepaalde groep weggevaagd door een andere, of de bewakers werden allemaal gedood en vervangen door een andere groep bewakers.

Toen de nieuwkomer om zich heen keek, zag hij één leeuw die altijd diep in gedachten verzonken leek, een eenling die tot geen enkele groep behoorde en zich meestal van iedereen afzijdig hield. Er was iets vreemds met hem dat ieders bewondering en ieders boosheid afdwong, want zijn aanwezigheid deed angst en twijfel aan hemzelf ontstaan. Hij zei tegen de nieuwkomer: 'Sluit je niet bij een groep aan. Deze arme dwazen zijn met van alles bezig behalve met wat essentieel is.'

'En wat is dat?' vroeg de nieuwkomer.

'Bestuderen hoe de omheining in elkaar zit.'

Schijn kan bedrieglijk zijn

We raken zo gemakkelijk misleid door uiterlijke verschijningen, door fysieke schoonheid. Als we iemand zien die mooi en knap is, denken we automatisch dat het een goed iemand is. In feite hoeft dit niet zo te zijn, helemaal niet. De knapste, mooiste persoon kan van binnen een duivel zijn. De lelijkste of meest alledaags uitziende persoon kan van binnen een engel zijn. We kunnen er niets van zeggen. Anders dan Amma, zijn we niet in staat om de geest en het hart van anderen te zien.

Boeddha was een zeer krachtige ziel. Onder zijn volgelingen waren duizenden mensen die werden geïnspireerd door de geest van onthechting. Tijdens zijn zwerftochten kwam hij op een keer in een dorp en werd door de plaatselijke mensen naar een bijeenkomst geleid, waar veel bewonderaars wachtten om hem te horen spreken. Hij zei een hele tijd niets. Uiteindelijk vroeg iemand uit de menigte hem: 'Wat is er aan de hand Swamiji? Waarom begint u niet met uw *satsang*?' Hij antwoordde: 'Ik wacht op iemand.' Er waren rijke mensen en geleerden, vaklui en regeringsambtenaren, allemaal hoge pieten uit de omgeving. 'Wie is het?' vroeg hij. 'We zijn allemaal hier. Wie ontbreekt er nog?' Uiteindelijk kwam er een herderinnetje gekleed in vodden en stond aan de rand van de menigte. 'Nu kan ik beginnen. Ze is gekomen', zei de Boeddha. U zat op dit meisje te wachten? We wisten niet eens dat ze bestond.' 'Zij is de enige in dit dorp die ontvankelijk is. Ze heeft om me gehuild, ze is dorstig naar een dharmisch leven, ze heeft tot me gebeden, in de wetenschap dat ik kwam. Zelfs vanuit het volgende dorp kon ik haar gebed voelen; ik kon haar gebed horen en daarom ben ik hier gekomen. Ik kwam hier alleen voor haar, niet voor jullie.'

We hebben Amma op dezelfde manier zien reageren op hen die naar haar aanwezigheid verlangen. Veel mensen hebben die ervaring gehad. Iemand zit in de menigte en huilt om Amma en ze kijkt onmiddellijk en trekt haar wenkbrauwen op of glimlacht naar hen. Dat is een 'locaal gesprek' maar er zijn ook 'interlokale gesprekken.'

Op een dag ging Amma naar een stad om een paar toegewijden te bezoeken. Midden onder haar bezoek stond ze op, liep de deur uit en liep over een nabijgelegen veld. Ze liep ongeveer een kilometer toen de toegewijden bij haar zich af begonnen te vragen

waar ze naar toe ging. Uiteindelijk kwam ze bij een huis waar zich drie Franse vrouwen bevonden die in een instituut vlakbij *katha-kali* aan het bestuderen waren, een oude acteertechniek die uniek is voor Kerala. Zij waren een aantal keer naar Amritapuri gekomen om Amma te bezoeken en wisten dat ze een paar toegewijden in het dorp bezocht maar om de een of andere reden konden ze niet komen om haar daar te bezoeken. En dus zaten ze in hun huis en deden puja voor Amma's foto en huilden enorm: 'O Amma, is er een manier om u te zien? Wilt u alstublieft komen en ons opzoeken?' Zij wisten natuurlijk dat dat onmogelijk was. Juist op dat moment liep Amma de deur binnen! Dat was een interlokaal gesprek. Anders dan wij, kent Amma het hart van de mensen.

Het verhaal van koning Midas

Sommige mensen denken dat geld alles is. Ze werken er dag en nacht voor. Ze denken dat als ze meer geld hebben, ze gelukkiger zullen zijn, maar soms zijn rijke mensen ellendig en zijn arme mensen gelukkig. Dat is allemaal de misleidende kracht van Maya.

Lang geleden was er een koning genaamd Midas. Hij hield zoveel van goud dat hij tonnen ervan in een kamer onder zijn paleis bewaarde en elke dag ging hij naar beneden en riep uit: 'Dit is zo prachtig!' Alleen het aanraken, het geluid of het zicht erop bracht hem al in vervoering.

Midas had een heel aardig, lief dochtertje die alles voor hem betekende. Hij noemde haar Goudsbloem omdat ze van gouds-bloemen hield.

Op een dag toen hij in zijn schatkamer vol goud was, hoorde hij een geluid in de kamer. Hij draaide zich om en zag een enorme man in een wit gewaad met een afkeurende blik op zijn gezicht. 'Midas, je hebt veel goud toch?'

'Ja, ik heb veel goud, maar, als je het goed bekijkt, kijk eens hoeveel goud er in de wereld is! Er is veel meer dan ik heb.' De man zei: 'Bedoel je dat je hier niet tevreden mee bent? Je hebt tonnen van het spul en je bent nog steeds niet tevreden?' 'Tevreden? Hoe kan ik ooit tevreden zijn? Hoeveel goud ik ook mag hebben, ik kan nooit tevreden zijn', zei de koning. 'Verbazingwekkend! Ach, ik kan wensen vervullen, dus heb je een wens die je graag vervuld zou willen zien?' vroeg de man. Zonder een moment te aarzelen, antwoordde de koning: 'Ja, ik wens dat alles wat ik aanraak in goud zal veranderen.' 'Weet je zeker dat je dat echt wil?' zei de man. 'Natuurlijk, ik zou dat fantastisch vinden. Dat zou me helemaal gelukkig maken!' 'Ok. Vanaf morgenochtend nadat de stralen van de zon zijn opgekomen, zal alles wat je aanraakt in goud veranderen.' Toen, poef! verdween hij.

Midas dacht: 'Wow, ik moet een droom of zoiets hebben gehad. Wat is er zojuist gebeurd?' en toen ging hij slapen.

De volgende morgen bij het wakker worden, raakte hij lichtjes zijn deken aan om te zien of het een droom was, maar de deken veranderde niet in goud. De reden was dat de zonnestralen nog niet helemaal boven de horizon waren verschenen. Precies op het moment dat dit gebeurde, schoven zijn handen op de deken en hij werd goud! Hij schreeuwde; 'Hé kijk, kijk! Het werkt!' Hij sprong op en begon de kamer rond te rennen zo ongeveer alles aanrakend en het werd allemaal goud. Hij was dolgelukkig. Toen hij naar de tuin buiten keek, bedacht hij om alle bloemen in de tuin in goud te veranderen om zijn dochter te plezieren. Hij zei: 'O, dit zal haar zo gelukkig maken als ik alle bloemen in goud verander!' Dus ging hij naar beneden en raakte alle bloemen aan.

Toen hij naar zijn kamer terugkeerde, zag hij het boek dat hij de vorige avond aan het lezen was en pakte het op om te lezen. Oeps! Het werd goud. Hij zei: 'O nee, ik kan het boek niet meer lezen. Ach, wat doet het ertoe, het is beter dat het van goud is.'

Nu kreeg hij honger en vroeg de bediende om hem zijn gebruikelijke ontbijt van koffie, broodjes en een stuk fruit te brengen maar toen hij het probeerde te eten, veranderde het in goud. 'Ach, ach. Hoe ga ik nu ontbijten?' Zelfs het glas water werd helemaal van goud.

Alles werd nu heel kritiek. Hij wist niet wat te doen. 'Wat moet ik doen? Ga ik van honger omkomen? Ik kan geen goud eten.' Toen hij daar zat te huilen, kwam Goudsbloem binnen met gouden bloemen.

'Papa, wat is er met mijn prachtige bloemen gebeurd? Ze ruiken niet meer. Ze groeien niet meer. Ze bewegen niet meer. Ze zijn allemaal stijf.'

'Mijn dochter, ik dacht dat je ze zo veel leuker zou vinden.'

'Ik wil iets levends; ik wil geen dood stuk goud!' schreeuwde ze. Toen ze zag dat hij erg ellendig was, ging ze naar hem toe en gaf hem een dikke knuffel.

Ze zei: 'Papa, wat is er aan de hand?' De 'd' kwam niet tevoorschijn; ze was van goud geworden, een gouden standbeeld. Dit was teveel voor de koning. Hij viel neer, huilde en huilde en weeklaagde over zijn lot. Juist toen, hoorde hij een stem.

'Ben je gelukkig, koning Midas? Je wens dat wat je ook maar aanraakt in goud zal veranderen is vervuld.'

'Ik ben de ellendigste mens op aarde. Geef mij alstublieft mijn dochter terug. Ik wil dit goud niet meer. Als ik gewoon weer normaal kan worden, zal ik al mijn goud weggeven.'

De stem zei: 'Ga een bad in de rivier nemen en breng dan een kruik water hier. Over alles wat je terug wil veranderen van goud naar normaal, sprenkel je wat water.'

Na alles terug naar normaal te hebben veranderd, wilde koning Midas zelfs nooit meer naar goud kijken. Het enige goud waar hij daarna nog van hield was het goud van de zon en het goud van het haar van zijn dochter.

We mogen niet misleid worden door uiterlijkheden. Voor de meeste mensen lijkt geld een bron van geluk te zijn.

Schoonheid kan ook zo lijken te zijn. Het heeft zeker zijn nut, maar het is niet zo dierbaar als ons eigen Zelf. Op een dag zullen we erachter komen dat de oneindige gelukzaligheid van contact met Brahman het meest bevredigend is. Diezelfde Brahman is onze Amma, ons eigen Zelf.

HOOFDSTUK VIJF

Een Goeroe is onmisbaar

Amma zegt:
'De goeroe is onmisbaar voor een spirituele aspirant. Als een kind naar de rand van een vijver gaat, zal de moeder op het gevaar wijzen en haar kind weghalen. Evenzo zal de Goeroe geschikte instructies geven als dat nodig is. Haar aandacht zal altijd bij de leerling zijn.'

Dit is het traditionele standpunt dat al duizenden jaren in India wordt ingenomen.

Iedereen die in het verleden Zelfrealisatie heeft bereikt had een spirituele leraar, een paar uitzonderingen daargelaten. Zulke uitzonderingen werden volmaakt geboren of hadden zoveel sadhana gedaan in hun vorige levens onder leiding van een Goeroe dat er in hun huidige leven weinig meer te doen was om de uiteindelijke realisatie te bereiken. Voor zulke grote wezens scheen de Eeuwige Goeroe of God als het innerlijke licht van bewustzijn en begeleidde hen op het resterende pad. We kunnen ons niet met hen vergelijken. Voor ons is een Goeroe essentieel.

Het verhaal van Namdev

Er was een groot heilige, Namdev genaamd, die in Maharashtra, India, leefde, ongeveer 700 jaar geleden. Hij was geen gewone toegewijde. Reeds in zijn kindertijd was hij in staat om Heer Vishnu, die hij Vithoba noemde, vlak voor zich te zien. Hij speelde met Hem zoals een kind met zijn vriend speelt. Uiteindelijk vond de Heer dat het tijd voor Namdev was om naar de volgende fase van zijn sadhana te evolueren, waarbij hij de aanwezigheid van God in zijn geest als het licht van bewustzijn kon zien en voelen en daarbuiten als alles in de schepping. Hij zei Namdev naar een samenkomst te gaan in een plaats genaamd Terdoki, waar spoedig veel Mahatma's zouden komen voor een jaarlijks festival.

Veel illustere heiligen uit die tijd, zoals Jnanadev, Nivrutti-nath, Sopanadev, Muktabai en Chokamela waren bijeengekomen in het huis van Gora Kumbhar, een heilige die pottenbakker was. Nadat het gezelschap van grote Mahatma's was gaan zitten, vroeg Jnanadev aan Gora zijn vakmanschap in het testen van de kwaliteit van gebakken potten te gebruiken om erachter te komen wie van de verzamelde heiligen 'goed gebakken' waren. Gora nam daarop zijn stok om potten te testen en sloeg ieder van de heiligen zachtjes op het hoofd alsof ze getest werden op hun spirituele rijpheid. Alle heiligen ondergingen het gedwee, maar toen hij bij Namdev kwam, protesteerde deze en stond beledigd op. Iedereen die het zag, gierde en barstte in lachen uit. Gora verklaarde dat Namdev niet goed gebakken was, nog spiritueel onvolwassen. Namdev was in verwarring en vernederd en rende naar zijn geliefde Vithoba in de tempel. Na bij Hem geklaagd te hebben vertelde Vithoba hem dat de heiligen wisten wat het beste voor iedereen was. Dit onverwachte antwoord schokte Namdev nog meer.

Hij zei: 'U bent God. Ik voer gesprekken en speel met U. Kan er iets meer worden bereikt door mensen?

Vithoba hield voet bij stuk: 'De heiligen weten het'

Namdev antwoordde: 'Vertel me of er iets meer werkelijk is dan U.'

Vithoba antwoordde geduldig: 'We zijn zo vertrouwd met elkaar dat Mijn advies niet het gewenste effect op je heeft. Zoek de heilige bedelaar Vishoba Kechar op in het woud en leer de Waarheid.'

Namdev luisterde naar Vithoba's woorden en ging toen mopperend op zoek naar Vishoba Kechar. Maar hij was niet onder de indruk van de heiligheid van de man, want hij was naakt, vuil en lag op de vloer van een tempel met zijn voeten rustend op een Shivalinga. Namdev vroeg zich af hoe deze man een heilige kon zijn. De heilige daarentegen glimlachte naar Namdev en vroeg: 'Heeft Vithoba je hierheen gestuurd?'

Dit was een grote verrassing voor Namdev, die nu meer geneigd was te geloven dat de man buitengewoon was. Namdev vroeg hem: 'Er wordt van u gezegd dat u een heilige bent, dus waarom ontheiligt u de linga?'

De heilige antwoordde: 'Ik ben inderdaad te oud en zwak om het juiste te doen. Til alsjeblieft mijn voeten op en zet ze neer waar er geen linga is.'

Namdev tilde vervolgens de voeten van de heilige op en plaatste ze ergens anders, maar er verscheen weer een linga onder ze. Overal waar hij de Mahatma's voeten plaatste, verscheen er een linga. Uitgeput, plaatste Namdev ten slotte de voeten in zijn eigen schoot en als resultaat ervoer hij de toestand van samadhi. Hij begreep nu dat God in alles aanwezig was en na die waarheid te hebben geleerd, vertrok hij buigend voor zijn nieuwe Goeroe.

Hij ging naar huis en ging meerdere dagen niet naar de tempel. Vithoba zocht hem nu thuis op en vroeg waarom Namdev niet naar tempel ging om Hem te zien. Namdev zei: 'Is er een plaats waar U niet bent?' Zonder de genade van een Goeroe kon Namdev deze waarheid niet hebben gerealiseerd.

Namdev ging opnieuw naar Gora's huis. Hij wilde zich ter aarde werpen voor alle Mahatma's en hen om vergeving vragen. Maar zodra hij binnenkwam, stonden alle heiligen op en zeiden:

'Kijk, hier komt Namdev en nu heeft hij een Goeroe!' Ze omhelsden hem allemaal en verwelkomden hem bij de satsang. Het is voor leerlingen niet mogelijk om zich bewust te zijn van alle obstakels die in hun geest aanwezig zijn. Maya, de universele kracht die het individu in een toestand van onwetendheid van zijn ware natuur houdt, is ondoorgrondelijk. Slechts hij die Maya heeft getranscendeerd door Zelfrealisatie, heeft inzicht in zijn eigen natuur. Alleen zo'n Mahatma weet hoe hij de onwetende ziel voorbij Maya moet leiden. Alleen degene die de berg heeft beklommen en de top heeft bereikt, kan de gecompliceerdheid van het pad beneden begrijpen.

Het beklimmen van Arunachala

Op een dag had ik zin om de top van de Arunachalaheuvel, waar ik toen woonde, te beklimmen, een hoogte van ongeveer 500 meter. Het zag er prima rechttoe rechtaan uit; klim via het kortste pad dat zichtbaar is. De moeilijkheid is dat je, als je dit zo probeert, op een punt komt vanwaar je niet verder kunt en dan moet je de hele weg terug naar het beginpunt, vermoedelijk halfdood van uitputting en dorst. Ik had met mensen gesproken die die fout hadden gemaakt. Dus besloot ik het traditionele advies te volgen om het pad te volgen dat toegewijden gebruiken tijdens het jaarlijkse Kartika Dipam Festival. Bij die gelegenheid werd er een enorme ketel op de top van de berg geplaatst. Nadat men die met ghee had gevuld, werd er een lont aangestoken. De vlam stelt het licht van wijsheid voor dat de duisternis van onwetendheid verdrijft die in alle schepselen aanwezig is. Het is kilometers in de omtrek zichtbaar. Honderdduizenden toegewijden komen daar bijeen om het te zien. Amma bezocht het daar drie keer tijdens mijn eerste paar jaar met haar in Amritapuri.

Het vreemde is dat als je naar de heuvel kijkt en met je ogen het pad volgt dat de toegewijden volgen, het volslagen tegen je gevoel lijkt in te gaan, alsof ze de verkeerde kant opgaan. Als je echter dat pad daadwerkelijk beklimt en de top bereikt en naar beneden kijkt, kun je zien dat er in feite geen andere weg is, hoezeer het ook anders leek. Dit bevestigt de noodzaak van een goed geïnformeerde en ervaren gids, zowel voor de uiterlijke als voor de innerlijke wereld.

Een leerling is als een onwetend kind

'De enige ware wijsheid is gelegen in het weten dat je niets weet.'
'Ik weet dat ik intelligent ben, omdat ik weet dat ik niets weet.'

Socrates

Amma vergelijkt een leerling of sadhak met een kind, een onwetend kind dat niet weet wat hij zelf aan het doen is en niet weet wat de Goeroe doet. De Goeroe heeft een unieke en uiterst moeilijke taak: om voortdurend de leerling te zuiveren, om elk stofje te verwijderen van de spiegel van zijn geest, zodat de leerling de Waarheid van het Zelf binnen in zich kan ervaren. Niettemin vergaren mensen veel kennis voordat zij bij een Mahatma komen en ze denken dat ze die kennis in hun spirituele leven kunnen gebruiken. In feite helpt ze dat zelden; die kennis zorgt gewoonlijk voor obstakels op hun pad. Spiritualiteit is niet iets wat door een boek verkregen kan worden. Alleen de verbinding met en de genade van een Gerealiseerd Meester gekoppeld aan je eigen intensieve inspanning om sadhana te doen kunnen dit voor elkaar krijgen.

Er was eens een monnik die in een ashram in het woud woonde. Een professor in de filosofie uit de nabijgelegen stad kwam hem bezoeken en vroeg: 'Vertel me alstublieft iets over spiritualiteit, over de innerlijke Werkelijkheid en hoe die te bereiken.' De monnik keek naar hem en zei: 'U lijkt erg vermoeid na deze hele reis. Rust alstublieft een beetje en neem wat thee.' De monnik ging toen wat thee maken en bracht die mee. Hij gaf een kopje in de hand van de professor en begon de thee uit de pot te schenken. Zelfs toen het kopje vol was, ging hij door met gieten terwijl de thee over de hand van de man op de grond stroomde.

'Stop, stop! Bent u gek geworden? Mijn kopje kan geen druppel meer bevatten; het is boordevol', schreeuwde de professor.

De monnik lachte en zei: 'U weet goed dat als het kopje vol is, er niets meer bij kan, hoeveel we er ook in proberen te gieten. Zelfs dan, vraagt u me u over spiritualiteit te onderwijzen terwijl u zo vol zit met vooropgezette meningen. Komt u alstublieft nadat u uw 'kopje' leeggemaakt hebt, want nu kan er geen druppel meer bij en het zou verspilling van energie zijn om te proberen er iets in te gieten.'

Wat betekent 'leegmaken van je kopje' precies? Het kopje is duidelijk de geest. Helaas is het leegmaken van het kopje van de geest niet zo simpel als het legen van de inhoud van een theekopje. De geest is per slot van rekening uiterst complex. Dus hoe kun je de geest leegmaken? Hopelijk vroeg de professor uit het verhaal dezelfde vraag aan de monnik en bleef hij om het antwoord te horen.

Spiritueel leven is niet gemakkelijk. Het is niet als het beklimmen van een berg, maar meer als hem met de grond gelijk maken. De berg is het ego, de persoonlijkheid die het lichaam abusievelijk aanziet voor het Zelf. Het is de bron van alle problemen. Amma zegt:

'Als we denken dat we dit lichaam zijn, zal het resultaat altijd verdriet zijn. Dit is slechts een geleend lichaam. Op een bepaald moment zullen we gevraagd worden het te verlaten. Dan moeten we eruit gaan. Daarvoor zullen we dat wat eeuwig is moeten verkrijgen, terwijl we in dit lichaam blijven. Als we een eigen huis hebben, kunnen we blij verhuizen als ons gevraagd wordt het gehuurde huis te verlaten. Dan kunnen we in het eeuwige huis van God wonen.'

Het ego is niet van steen. Het groeit en krimpt als antwoord op onze daden en gedachten. We kunnen het uithongeren tot nietbestaan door inspanning en genade van de Goeroe.

Een Indiaan ging uit wandelen met zijn zoon. Hij zei tegen zijn zoon: 'Er zijn twee wolven aan het vechten in ons. De ene is zacht, aardig en geduldig. De ander is gemeen, egoïstisch en wreed.'

De jongen vroeg: 'Vader, welke zal winnen?' De vader antwoordde: 'Degene die jij te eten geeft.'

Het ego groeit van hartstochten als gehechtheid, afkeer, verlangen en boosheid. Hoe kunnen we deze groei stopzetten? Amma zegt:

'We moeten ons bevrijden van alle vasana's (negatieve gewoontes) die we hebben verzameld, maar het is moeilijk dit allemaal tegelijk te doen. We moeten voortdurend oefenen. We moeten onafgebroken onze mantra herhalen, terwijl we zitten, lopen en liggen. Door de mantra te herhalen en Gods vorm te visualiseren zullen onze gedachten wegebben en zal onze geest gezuiverd worden. Om het gevoel van 'ik' weg te spoelen, moeten we de zeep van 'jij' gebruiken. Als we waarnemen dat alles God is, zal het 'ik', ofwel het ego, wegebben en het Opperste 'Ik' zal in ons schijnen.'

Als Amma zegt dat we Gods vorm moeten visualiseren, kunnen we dat interpreteren als elke vorm van God die aantrekkelijk en voorstelbaar voor ons is. Dit is inclusief 'vormloze' vormen zoals licht, vrede, ruimte enz.

Amma zegt dat de Goeroe voortdurend een oogje moet houden op de leerling anders kan hij 'in de vijver vallen en verdrinken.' Het woord voordurend is erg belangrijk. We moeten voortdurend onze sadhana doen en Amma moet ons voortdurend in de gaten houden. Het verschil is dat wij veel inspanning nodig hebben om sadhana te doen. Want Amma, die het Zelf in ieders hart is en ons allen voor eeuwig in de gaten houdt, is moeiteloos. Het is belangrijk dat we het bewustzijn ontwikkelen dat we altijd in haar zicht zijn.

Twee jongens kwamen bij een Goeroe en verlangden ernaar leerling te worden. De Goeroe besloot hen te testen. Hij gaf ieder van hen een duif en zei hun: 'Neem deze vogel en maak hem dood zonder dat iemand je ziet, en breng hem dan naar me terug. Dan zal ik je instrueren met spirituele kennis.' De eerste jongen nam de vogel mee naar de achtertuin, keek om zich heen, zag niemand en draaide zijn nek om tot hij stierf. Toen bracht hij hem terug en legde hem aan de voeten van de Goeroe. 'Wel, laten we zien wat de andere jongen doet', zei de Goeroe.

De tweede jongen ging een diep bos in en stond op het punt om de vogel te doden toen hij zag dat hij hem aankeek. Hij kon niet voldoen aan de voorwaarde van de Goeroe. Hij ging naar veel eenzame plekken maar zodra hij de vogel probeerde te doden, zag hij dat hij hem aankeek. Ten slotte bracht hij de vogel levend terug en legde hem voor de Goeroe neer. 'Swami, hoewel ik hunker naar kennis van u, kan ik niet voldoen aan de voorwaarde die u heeft gesteld. Waar ik ook ging, zag ik iemand naar me kijken en kon daarom de vogel niet doden. O Meester, zegen me alstublieft met echte kennis!' zei de tweede jongen.

'Zoon,' zei de Goeroe, 'jij bent degene die klaar is voor spirituele kennis. Je moet altijd voelen dat de Grote Meester, de Heer, steeds meekijkt. Dan zal je nooit daden verrichten die schadelijk zijn voor je spirituele vooruitgang.'

Het wakker maken van de innerlijke Goeroe

Veel toegewijden die tijd bij Amma doorbrengen, merken dat Amma zich altijd bewust lijkt te zijn van hun gedachten en daden. Ze laat het misschien zien door een begrijpende blik, een glimlach, een frons of ze zegt misschien zelfs iets om ons te laten begrijpen dat zij de Getuige van alle geesten is. Zij is heel erg proactief bij het begeleiden van haar toegewijden. Ze is een rolmodel voor ons op bijna elke manier. Ik zeg 'bijna' omdat het duidelijk is dat we niet alles wat zij doet, kunnen doen. We kunnen niet op één plaats zitten en vierentwintig uur aan een stuk luisteren naar de problemen en verzoeken van mensen. We kunnen niet bijna elke avond wakker blijven tot de volgende ochtend. We kunnen niet glimlachen naar iedereen die we ontmoeten en natuurlijk kunnen we niet één persoon echt troost bieden die vol verdriet bij ons komt. Maar we kunnen wel ieder moment meer geduld tonen, meer liefdevol voor iedereen worden, zelfzuchtigheid opgeven om anderen troost en geluk te bieden, nederig en behulpzaam worden en onze taal vrijwaren van gemene en pijnlijke woorden. Door onszelf met Amma te vergelijken kunnen we geleidelijk aan onze geest en daden zuiveren en uiteindelijk de 'innerlijke Goeroe' die in ons slapend is, wakker maken.

Sommige mensen zeggen dat het genoeg is als ze alleen maar naar het stemmetje van God in hen luisteren en zijn advies volgen.

Maar er zijn zoveel stemmen in ons en de meeste, zo niet allemaal, zijn veel luider dan die van God. Bij de meesten onder ons is onze geest vol van verlangens, angsten, sympathieën en antipathieën, aantrekking en afkeer. Om te proberen om dat 'stemmetje binnenin' te horen is als het luisteren naar een fluistering in een kakofonie van een luidruchtige menigte. Als we echter naar onze leraar luisteren, vertrouwen hebben in wat zij zegt en dan haar woorden en daden vergelijken met de stemmen en impulsen in onze geest, dan zullen we langzamerhand de vaardigheid ontwikkelen om te begrijpen wat Gods stem is en wat onze geest is. Amma weet wanneer we in staat zijn om dit te doen en zal ons geleidelijk aan aanmoedigen om dit te doen. Maar tot onze bevrijding zijn we altijd verplicht de voorkeur te geven aan de uiterlijke stem van de Goeroe boven onze innerlijke stem.

HOOFDSTUK ZES

De Goeroe is Brahman

Gurur Brahma Gurur Vishnu
Gurur Devo Maheshwara
Gurur Sakshat Parabrahma
Tasmai Shri Guruve Namah

De Goeroe is Brahma, de Goeroe is Vishnu,
De Goeroe is Maheshwara (Shiva),
De Goeroe is het Opperste Brahman Zelf,
Voor die Goeroe buig ik.

Er wordt gezegd dat meer dan tachtig procent van de mensheid gelooft in het bestaan van een Kracht die groter is dan zijzelf. De oude wijzen van India, de Rishi's, waren met hun uitzonderlijk zuivere geest in staat om zich Daarop af te stemmen en werden de werktuigen van die Kracht. Zij ervoeren Het als de *Trimurti's,* Brahma de Schepper, Vishnu de Onderhouder en Maheshwara de Vernietiger van de Schepping. Zij zijn allen voortgekomen uit het Vormloze, Absolute Bestaan en Intelligentie, Brahman. Hoewel de wijzen het Transcendente Absolute konden ervaren, erkenden zij het bestaan van de Trimurti's uit mededogen met de mensheid, die die grote vormloze Werkelijkheid eenvoudigweg niet kon bevatten. Zij wisten dat de mensheid een manier nodig had om met het Opperste Zijn op een conceptueel niveau te communiceren door aanbidding en gebed om geluk en innerlijke vrede te bereiken. Daarom waren zij een voorbeeld voor anderen om hen na te volgen door het aanbidden van de Trimurti's. Zoals de Gita zegt:

'Wat een belangrijk man ook doet, dat alleen doen de andere mensen ook; wat hij ook als maatstaf stelt, dat volgt de wereld.'

Hoofdstuk 3, vers 21

Wij mensen zijn behept met een extreem beperkte geest. Zelfs degenen onder ons die geloven in het bestaan van de Schepper hebben een zeer vaag idee over wat dat Wezen of die Kracht is. We kunnen beschrijvingen geven als alwetend, almachtig en alomtegenwoordig maar in werkelijkheid is God een vaag idee voor de meesten van ons. We vatten dat Principe onbewust op als een verheven versie van onszelf. Als een mug in staat zou zijn om aan het Opperste Wezen te denken, zou het vermoedelijk een enorme, almachtige, alleswetende mug zijn.

Er is een bekend vers in de Veda's, de gezaghebbende bron van spirituele kennis uit het oude India, dat zegt:

'De kenner van Brahman wordt Brahman.'

Mundaka Upanishad (3.2.9)

Met andere woorden, hij die door directe ervaring werkelijk het Absolute Brahman heeft gekend, de Bron van alles en daarbuiten, wordt die Oneindige Werkelijkheid. Anderen ervaren misschien die Waarheid in de toestand van samadhi, maar alleen de Gerealiseerde ziel is Dat geworden, honderd procent. Hun gevoel van individualiteit is uitgebreid tot het Oneindige Bewustzijn. In het Oude Testament, zegt God tegen Mozes:

'Je kunt Mijn Gezicht niet zien, want niemand kan Mij zien en leven.'

Exodus 33:20

Misschien is de betekenis dat in volledige realisatie van God de individualiteit sterft en alleen God overblijft; de druppel glipt de Stralende Zee in.

Het herhalen van de Goeroemantra herinnert ons aan een zeer belangrijk feit, dat de Goeroe één is met God. Door de kracht van Maya zijn wij echter normaliter niet in staat om deze waarheid waar te nemen. We hebben misschien redenen of ervaringen om het te geloven, maar op de een of andere manier komen keer op keer twijfels op. Waarschijnlijk daarom is er aan het begin van sommige Upanishaden er een gebed dat verklaart:

Om, moge God ons allebei beschermen
(de leraar en de leerling),
Moge God ons allebei voeden,
Mogen we samenwerken met energie en kracht,
Moge onze studie verlichting brengen
en geen aanleiding geven tot vijandigheid,
Om, vrede, vrede, vrede.

De werkelijkheid van de Goeroe

De meesten van ons zijn voortdurend bezig met mentale en fysieke activiteit, die meestal voortkomt uit zelfzuchtige angsten en verlangens. Als we een Mahatma benaderen, doen we dat om onze verlangens te bevredigen en onze angsten door hun zegeningen te laten verwijderen. Maar een echte Goeroe weet dat uiteindelijk allen die toevlucht bij hem zoeken, zich naar binnen moeten keren en hun geest moeten zuiveren opdat verlangens en angsten hun vrede niet meer aantasten. In de Goeroe-leerling relatie moet de leerling zich inspannen om zijn geest te zuiveren om eenheid met de Goeroe, die Brahman belichaamt, te ervaren. De Goeroe zal voortdurend de weg aan de leerling tonen, zowel uiterlijk als in de geest van de leerling. Veel van deze wisselwerking strijkt het ego van de leerling tegen de haren in. De Goeroe kent en ziet de leerling als Brahman, maar de leerling is geïdentificeerd met het ego of de persoonlijkheid. De leerling wordt soms misschien kwaad op de Goeroe of begint hem zelfs te haten. Dit kan zijn vooruitgang belemmeren. Daarom vraagt het bovenstaande gebed dat er geen vijandschap tussen hen zal zijn. 'Vertrouwdheid kweekt minachting.' luidt het gezegde. Ondanks ons vertrouwen dat de Goeroe identiek is met Brahman, lopen we voortdurend in de val dat we dat vergeten door onze vertrouwdheid met de Goeroe. Zelfs Arjuna uit de beroemde Bhagavad Gita werd te familiair met zijn neef en leidsman, Heer Krishna. De Heer zei tegen hem:

> 'Ik ben niet zichtbaar voor iedereen, gesluierd als ik ben door Yoga Maya. Deze misleide wereld kent Mij niet, ongeboren en onvergankelijk. Ik ken, O Arjuna, het verleden en het heden en de toekomstige wezens, maar niemand kent Mij.'
>
> Hoofdstuk 7, vers 25-26

Toen hij dit hoorde, ontstond er een intens verlangen in de geest van Arjuna om de Werkelijkheid achter Krishna's vorm te ervaren. Hoewel veel van Heer Krishna's verwanten en medewerkers geloofden dat hij een incarnatie van Heer Vishnu was, weerspiegelden hun begrip, woorden en daden niet hun geloof.

Arjuna zei:
> 'Ik verlang ernaar Uw vorm te zien als de Heer, O Hoogste Wezen. Als U het mogelijk acht voor mij om het te zien, toon mij Uw Eeuwige Zelf.'
>
> Hoofdstuk 11, vers 3-4

De Heer zei:

'Je bent inderdaad niet in staat Mij met je ogen alleen te zien; Ik geef je een goddelijk oog. Aanschouw Mijn hoogste Yoga.'

Hoofdstuk 11, vers 8

Arjuna zag de Universele Vorm met het Goddelijke Oog van Kennis dat hem door de Heer was gegeven. Vol verbazing met zijn haren recht overeind, zijn hoofd gebogen en met samengevouwen handen zei hij tot de Heer:

Hoofdstuk 11, vers 13-14

'U bent de Onvergankelijke, het Hoogste Wezen dat het waard is gekend te worden. U bent de verheven Verblijfplaats van dit Universum; U bent de onsterfelijke Hoeder van het Eeuwige Dharma, de oude Persoon. Ik zie U zonder begin, midden of eind, oneindig in kracht; de zon en de maan zijn Uw ogen die het hele Universum door Uw straling verwarmen. Vertel me wie U bent. Ik buig voor U, O Opperste God; heb medelijden. Ik verlang U te kennen, het Oorspronkelijke Wezen.'

Hoofdstuk 11, vers 18-19

De Heer zei:
'Ik ben de machtige Tijd die de wereld verwoest, nu bezig met het verwoesten van de werelden. Zelfs zonder jou, zal niemand van de strijders opgesteld in de vijandige legerscharen in leven blijven.'

Hoofdstuk 11, vers 32

Toen hij deze woorden van de Heer had gehoord, sprak Arjuna weer tegen Krishna, trillend en zich ter aarde werpend met gevouwen handen, stamelend, buigend en overstelpt door angst:

Hoofdstuk 11, vers 35

'Alles wat onbezonnen door mij is gezegd uit onvoorzichtigheid of liefde, U aansprekend als 'O Krishna, O Yadava, O vriend,' – U alleen als vriend ziend, onwetend van Uw grootsheid, op welke manier ik U ook heb beledigd, voor de grap tijdens het spel, in bed, tijdens een bijeenkomst of tijdens maaltijden, alleen of in gezelschap – ik smeek U mij dat te vergeven.

'U bent de Vader van deze bewegende en niet bewegende wereld. U hoort door deze wereld aanbeden te worden, U bent de Grootste Goeroe want Uw gelijke bestaat niet. Waar is iemand anders, verheven boven U, in de drie werelden, O Wezen van onvergelijkelijke grootsheid? Daarom buig ik neer, werp mij ter aarde en smeek ik U, aanbiddenswaardige Heer, mij te vergeven. Wilt U met mij geduld betrachten en als een vader voor zijn zoon zijn, als een vriend voor zijn vriend, als een minnaar voor zijn geliefde.'

Hoofdstuk 11, vers 41-44

De Heer antwoordde:
'Deze vorm van Mij die je hebt gezien is heel moeilijk te zien; zelfs de goden verlangen er altijd naar deze vorm te aanschouwen. Niet door de Veda's, niet door ascese, niet door giften, niet door offers kan Ik worden gezien in de vorm waarin jij Mij hebt gezien. Maar door niet aflatende toewijding kan men Mij in deze Vorm kennen en in werkelijkheid zien en binnengaan, o verjager van je vijanden. Hij die voor Mij werkt, die Mij als de

Hoogste beschouwt, die Mij is toegewijd, die vrij is van gehechtheid en die zonder haat voor ieder wezen is, hij komt tot Mij, O Pandava.'

Hoofdstuk 11, vers 52-55

Bevinden Amma's toegewijden zich niet in een zelfde situatie als Arjuna? We vechten de oorlog van het leven, zowel in als buiten ons. Door een onbegrijpelijke buitenkans, karma of je reinste genade zijn we bij Amma's heilige voeten gekomen. We geloven dat Amma in deze wereld is geboren met als doel mensen naar God te leiden, naar hun Ware Wezen. Alles wat ze doet – iedere blik, ieder woord, iedere aanraking – dient om de zielen die het geluk hebben om welke reden ook bij haar te komen, wakker te maken. Zij heeft zichzelf inderdaad in Yoga Maya verkleed om zich onder ons te kunnen begeven, bijna als één van ons. Maar we moeten ons er keer op keer aan herinneren dat ze niet als ons is. Haar innerlijke ervaring is niet te bevatten, voorbij onze verbeelding. Zij is een belichaming van Brahman die zich als een buitengewoon mens gedraagt. Zij is zeker niet te bevatten voor diegenen onder ons die zich met een lichaam vereenzelvigen. Wat we zien is slechts het 'topje van de ijsberg'.

Laat ons voortdurend de woorden van de Heer herinneren: 'Maar door niet aflatende toewijding kan men Mij in deze Vorm kennen en in werkelijkheid zien en binnengaan, o verjager van je vijanden. Hij die voor Mij werkt, die Mij als de Hoogste beschouwt, die Mij is toegewijd, die vrij is van gehechtheid en die zonder haat voor ieder wezen is, hij komt tot Mij, O Pandava.'

We hebben de gouden gelegenheid om naar hogere spirituele staten te evolueren die uitmonden in Zelfrealisatie en bevrijding van de oneindige cyclus van geboorte en dood. Mogen we gebruik maken van deze mogelijkheid van vele levens door ons er constant aan te herinneren wie Amma is en door te streven naar haar almachtige zegeningen.

HOOFDSTUK ZEVEN

De aanwezigheid van een Goeroe is uniek

Amma zegt:

'Hoewel God allesdoordringend is, is de tegenwoordigheid van een Goeroe uniek. Hoewel de wind overal waait, genieten we alleen koelte in de schaduw van een boom. Heeft de wind die door de bladeren van een boom waait, niet een verzachtend effect op degenen die in de hete zon reizen? Evenzo is een Goeroe noodzakelijk voor ons die in de verzengende hitte van het werelds bestaan leven. De Goeroes aanwezigheid zal ons vrede en kalmte schenken.'

Er zijn veel spirituele aspiranten of sadhaks die na het ondergaan van wat oefening of sadhana, leerlingen om zich heen verzamelen, spirituele lezingen geven, hen de geschriften onderwijzen en hen instrueren hoe te mediteren en andere spirituele oefeningen te doen. Zulke goeroes voorzien zeker in een behoefte. Maar als Amma het woord 'Goeroe' gebruikt, bedoelt ze niet zo maar een leraar. Ze bedoelt iemand die permanent gevestigd is in eenheid met God. Niemand anders is echt geschikt om Goeroe met een hoofdletter 'G' genoemd te worden.

Een Goeroe is iemand die in het bewustzijn verblijft, in de voortdurende ervaring, dat hij het innerlijke Zelf van iedereen en alles is. De schepping is als een open boek voor hem. Ze hebben de spirituele kracht, die genade genoemd wordt, om iemand door louter een gedachte of blik te verheffen. Aan de ene kant wordt gezegd dat genade universeel op iedereen schijnt, zoals de zon, maar het is ook een kracht in de handen van een gerealiseerde ziel, die als een zegening kan worden en wordt gestuurd. Amma zegt dat inspanning nodig is om Zelfrealisatie te bereiken, maar zelfs die inspanning komt door de zegen van een Goeroe. En als iemand zo ver is gegaan als inspanning hem kan brengen, vindt de uiteindelijke realisatie alleen plaats door de genade van de Goeroe. Amma praat over zo'n soort Goeroe, niemand minder dan een Mahatma die één is met het Absolute, en dat is uitzonderlijk zeldzaam. Zoals Heer Krishna zegt in de Bhagavad Gita:

'Waarlijk, een yogi die zich met volharding inspant, gezuiverd van zonden en vervolmaakt in de loop van vele levens, bereikt dan het Hoogste Doel.'

Hoofdstuk 6, vers 45

Aan het eind van vele levens komt de man van wijsheid tot Mij, zich realiserend dat Vasudeva (God) alles is; hij is de nobele ziel (Mahatma) en is zeer moeilijk te vinden.'

Hoofdstuk 7, vers 19

Er zit melk in een koe, maar als je niet in haar uiers knijpt, zal je die niet krijgen. Evenzo doordringt God ieder atoom van de schepping en daarbuiten, maar er zijn bepaalde plaatsen waar we die tegenwoordigheid feitelijk kunnen voelen en ervan profiteren. De goddelijke tegenwoordigheid manifesteert zich op een plaats waar veel mensen bijeenkomen en bhajans zingen, bidden of mediteren. Hun concentratie op God zuivert de atmosfeer van zijn gewoonlijk wereldse vibraties. Plaatsen van aanbidding, ashrams, kloosters en plaatsen waar heiligen en sadhaks wonen of in het verleden gewoond hebben, manifesteren goddelijkheid in verschillende mate, in de vorm van een onaardse vrede en kracht die de geest van hen die er komen, concentratie geeft. Velen van ons zijn naar heel oude tempels in India geweest, zoals Kanchipuram, Tiruvannamalai, Rameshwaram, Tirupati of Kashi. Amma zegt dat de krachtigere tempels in India die miljoenen toegewijden aantrekken en sinds oude tijden bezocht worden, opgericht zijn door Mahatma's. Je kunt feitelijk op een heel echte en voelbare manier de vrede en kalmte van de atmosfeer daar voelen. Het is niet dezelfde vrede die we voelen als we een wandeling in het bos maken of buiten in de natuur. Die vrede is ook zuiver maar is slechts een zwakke afspiegeling van de positieve spirituele ervaring in een heilige plaats. Heilige plaatsen worden heilig doordat heilige mensen, die vervuld waren van Gods aanwezigheid dankzij hun geconcentreerde en gezuiverde geest, daar kwamen en woonden. Zelfs als zulke Mahatma's hun lichaam verlaten, zal de heilige tegenwoordigheid blijven of zelfs toenemen, als de toegewijden die komen daarna doorgaan met devotionele en spirituele activiteiten.

De aura

Het begrip 'aura' is populair geworden in de Westerse cultuur, waar velen het als een algemeen feit accepteren dat ieder object een aura heeft, of anders gezegd, subtiliteit uitstraalt. Amma zegt dat mensen die positief denken, open zijn of universeel bevorderlijke gedachten koesteren, een subtiele gouden kleur uitstralen die zichtbaar is voor degenen met een subtiel spiritueel gezichtsvermogen. Ze zegt:

'Er is een subtiele aura om ieders lichaam. Net zoals onze woorden opgenomen kunnen worden op tape, laten onze handelingen hun indruk op deze aura achter.

81

Dit kan heel duidelijk worden waargenomen bij mensen die sadhana doen. De aura's van sadhaks zijn krachtig. De aura's van anderen hebben deze eigenschap niet. De aura's van gewone mensen zijn donker of verduisterd. Hun aura zal steeds donkerder worden naarmate ze zelfzuchtiger worden, slechter en egocentrischer. Zulke mensen zijn nooit vrij van obstakels en problemen. Dit zal hen terug naar de aarde trekken, waarbij ze steeds opnieuw moeten lijden. Als we echter goede daden en goede gedachten koesteren en ontwikkelen, zal dezelfde aura goudkleurig worden, wat ons zal helpen te evolueren naar hogere niveaus van bewustzijn. Wat zulke mensen ook ondernemen, obstakels worden verwijderd en alles verandert in voorspoed. Als kwaad wordt berokkend aan een *tapasvi* (iemand die ascetisch leeft), zal hun aura destructief worden voor de daders door de vibraties die daardoor teweeggebracht werden. Als we sterven verlaat de aura, samen met de ingewortelde neigingen van de ziel, het lichaam en zweeft rond in de atmosfeer op dezelfde manier waarop een ballon gevuld met helium zweeft. Het kan niet in ons lichaam blijven na de dood. Het zal een lichaam kiezen en geboren worden in een lichaam dat past en geschikt is voor de verlangens en geneigdheden uit zijn vorige leven.'

Als we in de aanwezigheid van zuivere zielen zijn, zullen we ons blij, vredig, comfortabel en thuis voelen. In de aanwezigheid van mensen die vervuld zijn van overwegend negatieve gedachten en gevoelens, voelen we juist het tegenovergestelde: ongemakkelijk, bang, rusteloos of geïrriteerd. Niet alleen mensen, maar ook plaatsen hebben een overheersende aura.

Mahatma's stralen een krachtige, goddelijke aanwezigheid uit. Door de verbinding tussen hun Oneindige Natuur en hun individuele lichaam, worden ze een voertuig voor de Oneindige Tegenwoordigheid. Er is een vers in de Gita dat dit beschrijft:

'Overal om de ascetische wijzen heen, die vrij van verlangen en boosheid zijn, die hun geest hebben overwonnen en het Zelf hebben gerealiseerd, straalt de gelukzalige vrede van Brahman.'

Hoofdstuk 5, vers 20.

Het is misschien nodig om te verduidelijken wat er gewoonlijk wordt bedoeld met wijze of heilige in India. Is er een verschil of is het alleen maar een kwestie van woorden? Traditioneel is een heilige iemand die naar Godsrealisatie streeft en die een bepaald niveau van zuiverheid van geest heeft bereikt. De geest van zo iemand reflecteert de aanwezigheid van God, maar niet volledig. Zij moeten nog steeds werken aan volmaaktheid of absolute zuiverheid van de geest. Een wijze is iemand die innerlijk permanente eenheid met het Opperste Wezen heeft bereikt. Ze kunnen grote leraren van de mensheid worden of juist een teruggetrokken leven leiden. Een wijze wordt misschien soms aangeduid als een heilige, maar heiligen worden gewoonlijk niet als wijzen beschouwd.

De vrede rond wijzen

Heer Krishna begint met te zeggen: 'Overal om de ascetische wijzen...' Wat wordt er bedoeld met het woord 'ascetisch'? Het beschrijft een levensstijl die gekarakteriseerd wordt door volledige discipline en onthouding van fysieke en mentale pleziertjes. Als ze zo'n leven geleid hebben en Zelfrealisatie hebben bereikt, leven Mahatma's soms gewoon zo verder als moeiteloze uitdrukking van hun volslagen eenvoud en tevredenheid. Ze streven nergens naar, omdat ze al in de toestand van Volmaakte Vrede zijn. Ze zijn altijd op God geconcentreerd. Zij zijn altijd gelukzalig en hoewel ze grapjes kunnen maken, zit er altijd een heel serieus doel achter, namelijk de mensen wakker maken tot de behoefte aan een goddelijk leven. Meer nog dan hun uiterlijke levensstijl te beschrijven, wijst het woord 'ascetisch' naar hun innerlijke ervaring van de Werkelijkheid. Ze leven in een onvoorstelbare en onbeschrijfelijke staat voorbij het lichaamsbewustzijn. Zij zijn Bewustzijn Zelf.

De Gita zegt dat er drie poorten zijn die de ziel of *jiva* naar de hel leiden: verlangen, boosheid en hebzucht. De wijzen zijn zij van wie de geest zo zuiver en gespeend van gedachten is dat er niets overblijft dan het Zelf of God 'die vrij zijn van verlangen en boosheid.'

Hun geest kan vergeleken worden met een heldere hemel, helemaal zonder wolken of stof. Verlangen komt niet in hen op omdat ze eeuwig vervuld en tevreden zijn met hun realisatie van Eenheid. Noch verschijnt er boosheid omdat zij geen verlangens hebben, zelfs niet subtiel. Boosheid is het resultaat van belemmerd verlangen, dat ze niet hebben. Maar ze kunnen een show maken van boosheid om iemand of een situatie te corrigeren. Dit is echter alleen aan de oppervlakte van hun geest en ten voordele van anderen. Het is als een lijn die in water getrokken wordt en het volgende moment verdwijnt.

Socrates' geduld

De grote filosoof Socrates had een vrouw die erg ongeduldig en boos was, wat een continue zegen voor hem was om geduld te ontwikkelen. (Natuurlijk zou het iedereen zijn met een dergelijk karakter geweest kunnen, niet alleen een echtgenote.) Op een dag dacht hij zeer diep na over een filosofisch probleem. Zoals zijn vrouw gewoon was, kwam ze naar hem toe en begon tegen hem te schreeuwen met heel ongevoelige, ruwe, beledigende taal. Ze schold hem uit en beledigde hem, vragend om zijn aandacht. Maar Socrates negeerde haar, omdat hij in gedachten verzonken was. Hij volgde altijd iets tot aan het einde voordat hij iets nieuws oppakte. Tegenwoordig is het heel gewoon om met een bezoeker te spreken terwijl men zijn ogen niet van zijn computerscherm of smartphone af kan houden.

De vrouw brulde en ging tekeer tegen hem, maar hij schonk er nog steeds geen aandacht aan. Ten slotte werd ze razend en nam een bak met vuil water en goot het over zijn hoofd. Voelde Socrates zich geërgerd of vervelend? Niet in het minst.

Hij glimlachte, lachte en zei: 'Vandaag is het gezegde 'als het dondert, giet het vaak' bewezen!' Na die opmerking, ging hij door met zijn gedachtegang. Je zou kunnen zeggen dat hij een zeer onverschillige figuur was maar dat is niet de kern van het verhaal.

Je moet niet ontmoedigd raken bij moeilijkheden om je temperament te beteugelen. Zoals het gezegde luidt: 'Er zijn geen moeilijkheden, er zijn alleen mogelijkheden.'Als Socrates dit zo volledig kon doen, waarom kunnen anderen dit dan niet? Moeilijke omstandigheden verschaffen juist daarvoor de kansen. Wijzen zijn zij die het stadium hebben bereikt waarin ze geen verlangen hebben en er dus ook geen boosheid is, echt een aanzienlijke prestatie.

Heer Krishna zegt dat de voorwaarde om Zelfrealisatie te laten ontstaan is om 'de geest onder controle en het Zelf gerealiseerd te hebben.' We kunnen naar tempels gaan, bidden, bhajans zingen, naar satsangs gaan, honderd miljoen keer japa doen, mediteren, de geschriften lezen, naar India gaan en daar vijftig jaar wonen. We kunnen een of al deze dingen doen, maar als onze geest niet kalm wordt door concentratie en zelfcontrole, zullen we de ultieme vrucht van al die spirituele activiteiten, wat innerlijke

vrede is, niet verkrijgen. Als de geest zich terugtrekt, is wat overblijft ons echte Zelf, onze ware natuur of God. Het enige wat het
zien van God of Zelfrealisatie in de weg staat, is onze rusteloze
geest. Als de geest volledig zuiver is en geen andere gedachten
heeft dan de aanwezigheid van God of het Zelf, dan zal de geest
zich terugtrekken in zijn bron, die Bewustzijn of God is. Als we
een donut bakken (of een *vada*), weten we dat hij klaar is als er
geen bubbels meer zijn. De hitte van tapas brengt alle gedachten
in ons tevoorschijn zodat we ze kunnen vernietigen. Als er geen
gedachten meer zijn, zijn we volledig 'gebakken.'

Rond deze wezens straalt 'de gelukzalige vrede van Brahman,'
zoals Krishna het stelt. Veel toegewijden hebben dit bij Amma
ervaren. Op een avond tijdens de darshan in Chicago riep Amma
me bij haar en vroeg me te vertalen voor de toegewijden die iets
tegen haar wilden zeggen. Degene die dit gewoonlijk deed was
nergens te zien, dus kreeg ik die taak. Toen ik zat, voelde ik zo'n
enorme vrede van Amma afkomen dat mijn geest helemaal niet
functioneerde. Ik zat daar met een stomme grijns op mijn gezicht,
als een zombie. Ik keek naar haar en zei: 'Ik voel me zo – ' en
voordat ik de zin kon afmaken, vroeg ze:

'Vredig?'

Toen Sri Ramana Maharishi werd gevraagd hoe je kon weten
of iemand een Mahatma is, antwoordde hij: 'Door de innerlijke
vrede die je in zijn aanwezigheid vindt en door het respect dat je
voor hem voelt.'

In een bepaald jaar in Santa Fe, tijdens een van de eerste jaren
van Amma's Amerikaanse tournees, zat er een vrouw drie of vier
uur lang achter in de kamer tijdens de darshan overdag. In die tijd
waren er niet veel mensen. De vrouw was niet erg geïnteresseerd
in spirituele zaken, maar ze voelde veel genegenheid en respect
voor Amma. Nadat Amma opgestaan en naar haar kamer gegaan

was, kwam de vrouw naar me toe en zei: 'Er is een intense vrede in deze kamer. Als er iemand is die deze wereld kan verbeteren, dan is het zeker Amma.' Dit kwam van iemand die niet de ontvankelijkheid had die voortkwam uit meditatie, maar toch kon ze de vrede die Amma uitstraalde voelen.

De energie bij Mahatma's

De vrede van Brahman die Mahatma's uitstralen, heeft niet alleen een effect op de geest van mensen in de vorm van stilte maar ook op hun lichaam. Toegewijden die de hele nacht tijdens darshan opblijven, ervaren dat ze zich fris en vol energie voelen, hoewel ze gewoonlijk veel vroeger gaan slapen. Er is een jaarlijks festival in India, genaamd Mahashivaratri. Het begint om 6 uur 's morgens en gaat door tot 6 uur 's morgens de volgende dag. Je hoort niet te slapen in die tijd, maar je met aanbidding, meditatie en andere devotionele oefeningen bezig te houden. De meeste mensen vinden het erg moeilijk om wakker te blijven en sommigen gaan zelfs naar een devotionele film om niet in slaap te vallen. Maar dat is niet het geval in Amma's aanwezigheid. Haar aanwezigheid geeft iedereen energie, zonder dat men het doorheeft.

Vele jaren geleden had een broer van Amma hoge koorts en voelde zich erg rusteloos. Op dat moment zat ik toevallig bij Amma samen met een groep toegewijden met wie ze in gesprek was. Haar broer kwam en ging bij haar zitten. Hij zag er zeer ellendig uit. Na een paar minuten stond hij op en vertrok. Na weer een paar minuten kwam hij terug. Hij deed dit een paar keer. Uiteindelijk vroeg ik hem wat er aan de hand was. Hij zei dat hij steeds als hij naast Amma zat, zich volledig vrij van koorts voelde, maar als hij vertrok, kwam de koorts terug. Hij vroeg zich af wat er aan de hand was en of dit iets met zijn zus te doen had. Hij besefte ten slotte dat de verlichting die hij kreeg, door

Amma's fysieke nabijheid kwam. Na deze ervaring werd zijn geloof in Amma diep en blijvend.

Voor die zeldzame zielen die in Amma's ashram in India kunnen wonen, is zo lang in haar fysieke aanwezigheid zijn de grootste hulp voor hun spirituele leven. Voor de overigen is het doorbrengen van zoveel mogelijk tijd met haar ook prima. Dit zal er uiteindelijk toe leiden dat we haar gelukzalige vrede in onze eigen geest kunnen voelen, waar we ook zijn. Maar tot dan moeten we niet zelfingenomen worden en denken dat haar fysieke aanwezigheid niet noodzakelijk is voor onze spirituele vooruitgang. Er is niets wat verder van de waarheid af ligt. Er is geen grotere hulp dan in Amma's nabijheid zijn.

HOOFDSTUK ACHT

De duisternis in ons

Degenen onder ons die belangstelling hebben voor spiritueel leven, hadden in het begin vermoedelijk geen idee dat er veel moeilijkheden op het pad zouden zijn. We hebben de levensverhalen van Boeddha en andere heiligen gelezen en dachten dat, in tegenstelling tot hen, een beetje inspanning waarschijnlijk voldoende zou zijn en dat we spoedig de gelukzaligheid van samadhi of verlichting zouden ervaren. Door ons ego en onze onwetendheid hebben we misschien gedacht dat het bereiken van Zelfrealisatie niet erg lang hoeft te duren, zoals een vijfjarig kind dat na de kleuterschool denkt dat een beetje meer moeite zal resulteren in een doctorsgraad. Met een klein beetje geluk en een beetje werk zullen we het voor elkaar krijgen, zoals met vergelijkbare doelen in het leven. Natuurlijk is dat niet het geval. Spirituele realisatie is niet voor het gemakzuchtige type. Je kunt geen kortere weg nemen. Hoe waardevoller iets is, hoe meer het kost. En wat is het felst begeerde doel voor alle wezens? Vrede. En wie bereikt er vrede? Heer Krishna zegt in de Gita:

> 'Hij bereikt vrede, die verlangens loslaat, zich beweegt zonder gehechtheid, zonder zelfzuchtigheid, zonder ijdelheid. Dit is de staat van Brahman. Niemand die dit bereikt, wordt misleid. Als men in die toestand verblijft, zelfs tijdens de laatste fase van het leven, bereikt men de gelukzaligheid van Brahman.'
>
> Hoofdstuk 2, vers 71-72

Als we serieus worden om de hogere staten van spiritualiteit te bereiken, zoeken sommigen van ons iemand op die dat heeft bereikt en ons de weg kan tonen. Er is maar een beperkte hoeveelheid kennis die boeken ons kunnen vertellen. Hoever kan een kind komen met zijn onderwijs zonder de begeleiding van een leraar? Zelfs als we een ervaren leraar vinden die bereid is ons te helpen en ons enige instructies geeft, wat gebeurt er dan? Er gebeurt van alles behalve wat we verwachten. Dit lijkt een beetje op naar de dokter gaan voor een verkoudheid en eindigen in de operatiekamer. Onze ziekte is ingewikkelder dan we hadden gedacht.

Een paar maanden nadat ik bij Amma was gekomen, zat ik bij haar voor de kalari, de kleine tempel die toen het centrum van ons leven was. Een Westerling die op bezoek was kwam er ook bij zitten. Deze man was geïnteresseerd in spirituele realisatie maar had niet echt veel serieuze inspanning verricht voordat hij bij Amma kwam. Amma keek hem aan en zei: 'Zoon, jij wilt je dagen en nachten in samadhi doorbrengen, is het niet?' Hij knikte waarop Amma glimlachte en zei: 'Hmmm.' Dat 'Hmmm' had een diepe betekenis die niemand van ons toen begreep. Alleen Amma wist wat een enorme zelfzuivering vereist zou zijn om dat te bereiken, waarschijnlijk meer dan één leven. Omdat hij uit het Westen kwam en een paar spirituele boeken had gelezen, dacht hij vermoedelijk dat het een kwestie van een paar maanden oefeningen onder begeleiding van Amma zou duren totdat samadhi zou worden bereikt. Misschien bracht de stilte die hij in Amma's aanwezigheid ervoer, hem ertoe dit te geloven.

Eerste tekenen van vooruitgang

Een van de eerste dingen die gebeuren bij een serieuze leerling die met echte inspanning volgens de instructies van de Goeroe begint, is het omhoogkomen van intense sufheid of slaperigheid. Amma zegt:

'Als we proberen om negatieve gedachten te elimineren, dan gaan ze moeilijkheden veroorzaken. Kinderen, als jullie je tijdens meditatie slaperig voelen, moet je speciale maatregelen treffen om niet te bezwijken voor de slavernij van de slaap. In de beginstadia van meditatie zullen alle *tamas*-eigenschappen, die ons suf maken, aan de oppervlakte komen. Als je waakzaam bent, zullen ze uiteindelijk verdwijnen. Als je je slaperig voelt, sta dan op en doe japa terwijl je loopt. Maak gebruik van de *mala* of rozenkrans, houd deze met aandacht dicht bij je borst. Op een niet gehaaste manier ga je door met japa. Als je je nog steeds slaperig voelt, doe japa dan terwijl je staat zonder tegen iets aan te leunen of je benen te bewegen.'

Toen ik met mijn spirituele leven begon, was ik achttien. Ik weet niet waarom maar het bereiken van Zelfrealisatie werd een kwestie van leven of dood voor mij, erop of eronder. Toen ik in India aankwam, sloeg het onheil toe. Iedere keer als ik mijn ogen dichtdeed, viel ik in slaap; het duurde nauwelijks een halve seconde of het was zo ver, zelfs als ik de vorige nacht acht uur had geslapen. Zelfs als iemand tegen me sprak, was het niet ongebruikelijk dat mijn hoofd knikte en ik in slaap viel terwijl ik naar hem luisterde. Of als ik een boek las, was het volgende wat ik wist dat ik op een hoop op de grond lag, zoals een kwal op het droge. Het was vreselijk, overweldigend. Ik voelde me ellendig en dacht: 'Wat gebeurt er met me? Ik kwam naar India om God te realiseren en nu is alles wat ik kan van de wereld raken.' Als ze me zagen zitten in de lotushouding in de meditatiehal van de ashram, dachten sommige toegewijden misschien dat ik iemand was die goed mediteerde, maar de stilte van samadhi en slaap zien er soms hetzelfde uit, maar dat zijn ze niet. Eigenlijk is samadhi vergeleken met slaap een verschil van dag en nacht.

Ik wist niet wat ik moest doen; het was een serieuze toestand en ik was vreselijk in de war en verdrietig. Ik ging naar mijn spirituele gids in die tijd en vroeg hem: 'Wat moet ik doen? Ik dacht dat meditatie de weg naar Realisatie is. In dit tempo, kan ik dat vergeten. Misschien ben ik op het verkeerde pad.'

Zelfs toen hij me antwoordde, viel ik in slaap! Ik begon te denken: 'Misschien heb ik een ziekte of zoiets, zoals slaapziekte wat ik op de boot heb opgelopen toen ik hier naar toe kwam. Ik had dit probleem niet voordat ik naar India vertrok.' Ik zei: 'Ik denk dat er iets fysieks niet in orde met me is.'

Hij antwoordde: 'Okay, als je dat denkt; er is een heel goed particulier ziekenhuis op vijftig mijl van hier. Waarom ga je daar niet naar toe en laat je je grondig nakijken, inclusief een psychiatrische evaluatie?'

Hoewel ik zijn gezelschap en mijn *seva*-werk niet wilde achterlaten, voelde ik dat ik geen keus had en stemde ermee in. Ik vertrok de volgende dag. Ik verbleef daar tien dagen en onderging alle mogelijke testen. Ze deden zelfs een eeg (elektro-encefalogram) om mijn hersengolven te controleren.

Ten slotte kwam het rapport: 'Er is niets mis met u. U kunt naar huis gaan.'

Toen ik thuiskwam, zei ik tegen mijn leraar: 'Wel, ze konden niets vinden.'

Hij zei: 'Natuurlijk niet. Dacht je echt dat ze iets zouden vinden?'

'Waarom stuurde u me er dan naar toe?'

'Ik wilde dat je daar heen ging zodat je zou weten dat er niets lichamelijk mis met je is. Deze dichte tamas die je ervaart is de duisternis niet alleen van je gewoonten van dit leven voordat je hier kwam, maar ook uit je vorige levens die nu naar de oppervlakte komen. Als je een smerige fles wilt schoonmaken, dan giet je er schoon water in dat alle vuil eruit spoelt. Nu je probeert om je geest te concentreren, is het eerste wat naar boven komt, je inertie. Je moet ertegen vechten totdat het in kracht vermindert. Het woord tamas zelf betekent 'moeilijk te weerstaan.'

Hoe tamas te overwinnen

'Steeds wanneer je het voelt opkomen, steeds wanneer je geest onder invloed van tamas komt of suf of verstrooid raakt of in slaap valt, moet je je geest met kracht eruit weghalen en je intens op iets anders concentreren. Als iemand tegen je spreekt, laat je geest niet afdwalen. Focus intens op wat ze zeggen. Laat je geest niet leeg worden. Als je wil lezen, doe het staand in het midden van de kamer. Leun tegen niets aan om welke reden dan ook. Dat zal je zenuwstelsel in een alerte toestand houden wat je zal helpen om de inertie te overwinnen.'

Er was een heilige berg waar ik woonde. Mijn leraar zei me ook om iedere nacht om middernacht over het acht mijl lange pad om de berg te rennen om wat van de sufheid kwijt te raken. En hij dacht ook aan andere dingen om me wakker te houden. Hij kookte voor ons beiden. Ik houd van Indiaas eten, maar ik heb nooit de liefde die zoveel mensen in India voor pepers hebben, kunnen ontwikkelen. Ik had onlangs gelezen dat pepers veel gezonde eigenschappen hebben, maar klaarblijkelijk is mijn tong niet dik genoeg om die te waarderen. Er zijn veel soorten pepers en sommige namen zijn echt angstaanjagend, zoals Kersenbom, Zevenklapper, Super Peper, Hete Thai, Duivels Rood, Carolina Maaier, Morouga Schorpioen en Naga Adder! Hij maakte allerlei schotels met de dubbele of driedubbele hoeveelheid pepers van normaal. Mijn neus begon te lopen, mijn oren begonnen te lopen, alles in mij begon te lopen. En mij werd verteld de pepers niet uit te spugen, maar ze door te slikken als ik ze in mijn eten tegenkwam. Hij zei dat ze mijn lichaam zouden verhitten en me actiever zouden maken. En uiteindelijk had hij gelijk. Het was een heftige strijd maar ik was in staat om die sufheid kwijt te raken. Het was een doodsstrijd, maar ik ben zeer dankbaar dat die plaatsvond zodat ik de aard van tamas kon begrijpen en de wilskracht kon ontwikkelen om die te overwinnen. Het is één stap op het pad om de kracht te verkrijgen om de geest stil te zetten en te zeggen: 'Wees stil alsjeblieft,' en hem te laten gehoorzamen. De geest stopt niet zomaar vanzelf, hoe lang we ook wachten. We moeten strijd voeren om hem te stil te krijgen en de strijd ontwikkelt de wilskracht om de rusteloze geest te onderwerpen.

Amma's advies

We moeten ons inspannen; dat is wat Amma zegt. We moeten keer op keer proberen en dan zullen we het bereiken. Maar …

'Als we proberen om negatieve gedachten te elimineren, dan zullen ze moeilijkheden veroorzaken.'

Los van de duisternis van tamas, beginnen we onwenselijke gedachten te krijgen. We worden negatiever, bozer, meer oordelend of de begeertes van de zintuigen worden sterker. Allerlei verwarrende en vreemde dingen die we niet verwachtten, beginnen te gebeuren. Spirituele gelukzaligheid wordt een verre droom. Zeg niet dat Amma je niet heeft gewaarschuwd!

Het is niet zo dat deze problematische eigenschappen er niet waren voordat we onze spirituele oefeningen begonnen. We gaven zeker toe aan deze gedachten en we dachten niet dat ze problemen veroorzaakten. Nu is onze houding veranderd en zijn we ons bewust geworden van dit ongewenste vuil in ons huis, de geest. Amma zegt:

'Als deze gedachten in de geest opkomen, moeten we op deze manier onderscheid maken: O geest, is er enig nut om over deze gedachten te mijmeren? Helpt het je om je doel te bereiken om over zulke dingen te denken?'

Met andere woorden, Amma vertelt ons dat als onze geest begint over te stromen met al zijn neigingen, zijn vasana's, zeg hem dan: 'Heeft het enig nut om over al deze dingen te denken? Is dat je doel?' Hopelijk hebben we inmiddels begrepen wat ons doel moet zijn: innerlijke vrede.

Het belang van onthechting

Amma zegt ons dat tot voor kort ons doel in het leven was om geluk te vinden door het najagen van uiterlijke zaken en relaties. Vreemd genoeg waren zelfs onze negatieve eigenschappen een soort bron van geluk. Het vinden van gebreken, boos worden, roddelen, trots, arrogantie, het hele spectrum van seksuele gedachten, woorden en daden, allemaal verschaften zij ons een soort vreugde. Hoe meer we aan deze gewoonten toegaven, hoe dieper ze werden totdat ze onze primaire aard waren. Om naar de wortel van het probleem van een rusteloze geest te gaan, zegt Amma:

'Volledige onthechting voor wereldse zaken moet ontwikkeld worden.'

Amma gebruikt de woorden: 'volledige onthechting.' Zij hecht enorm veel belang aan de noodzaak tot onthechting voor mensen op het spirituele pad. De *Vivekachudamani*, een klassiek werk over Zelfrealisatie van Sri Shankaracharya, zegt:

'Voor degene die zelfbeheersing heeft, weet ik geen beter instrument voor geluk dan onthechting en als dat wordt

gekoppeld aan een verheven zuivere realisatie van het
Zelf, bevordert dit de soevereiniteit van Absolute Vrij-
heid; en omdat dit de poort is naar de maagdelijkheid
van eeuwigdurende Bevrijding, wees daarom voor jouw
welzijn zowel innerlijk als uiterlijk onthecht en richt je
geest altijd op het eeuwige Zelf.'

Vers 376

De reden dat we in het spirituele leven niet snel vooruitgang
kunnen boeken is dat we geen sterke onthechting hebben. Hoe
onthecht we zijn van wereldse objecten, inclusief ons lichaam
en de wereld waarin het woont, bepaalt hoeveel vooruitgang we
boeken als we ons inspannen om naar binnen te duiken. Onze
verlangens houden onze aandacht aan de oppervlakte. Volledige
onthechting en volmaakte concentratie zijn twee woorden voor
hetzelfde.

Loslaten of onthechting begint te ontstaan in een geest die
onderscheid maakt over de ware aard van het lichaam en de
wereld. Zo'n onderscheid leidt ons tot het besef dat, hoewel we
altijd gelukkig willen zijn, het niet mogelijk is met de middelen
die we gewoonlijk hanteren. Er bestaat geen twijfel over dat het
lichaam en de wereld een bepaalde hoeveelheid geluk door plezier
kunnen verschaffen, maar voor sommige zielen die onderscheid
maken, is dat niet genoeg. Gelukkig vertelt Amma ons dat blijvend geluk zeker mogelijk is, maar we moeten het daar zoeken
waar het feitelijk is. We moeten ervan overtuigd raken, door onze
eigen waarnemingen of door wat de spirituele literatuur zegt of
door de omgang met Mahatma's zoals Amma die in dat Transcendente Bewustzijn verblijven, dat het bestaat en de moeite waard is
om het te bereiken. Als gevolg van vasthoudende sadhana wordt
de geest absoluut vredig, absoluut stabiel, zuiver bewustzijn, ons
eigen Ware Zelf. Of we de Werkelijkheid als onze Ware Natuur

of als de Universele Heer in ons benaderen, onthechting is vereist.
Liefde voor God of het Zelf kan alleen groeien als we onze hele
geest en hart geven. Zoals een oud gezegde in de Bijbel zegt:

'Gij zult de Heer uw God liefhebben met geheel uw
hart, en met geheel uw ziel en met al uw kracht.'

Deuteronomium 6:5

Goddelijke liefde is alleen mogelijk als we volledige onthechting
ontwikkelen en vergroten in onze rusteloze geest, keer op keer
op keer.

HOOFDSTUK NEGEN

Het ego en het Zelf

'Wat is echt zelfvertrouwen? Iemand die echt zelfvertrouwen heeft, heeft vertrouwen dat niet uit het ego
maar uit het bewustzijn van het echte Zelf voortkomt.'

Amma

Als Amma 'zelfvertrouwen', zegt, bedoelt ze niet het
gebruikelijke vertrouwen van het kleine ego, maar meer
het geloof, vertrouwen en de wijsheid die voortkomen
uit toewijding aan en ervaring van God en de Goeroe. Als we
bij een echte Goeroe wonen, slaan we hun handelingen gade,
hun woorden en hun leringen en ontwikkelen we vertrouwen in
hun manier van leven. We worden geleidelijk aan geboetseerd
tot een evenbeeld van de Goeroe. Uiteindelijk, na aanhoudende
oefeningen, raken we afgestemd op de Goddelijke Aanwezigheid
die ze belichamen en delen we hun gevoel van concentratie en
innerlijke stabiliteit in Godsbewustzijn.

In tegenstelling tot het bestuderen van spirituele boeken, biedt
samenzijn met een Mahatma zoals Amma, al is het maar voor
korte tijd, ons de gelegenheid om te zien wat goddelijke liefde en
zelfvertrouwen werkelijk zijn. We horen dat 'God Liefde is'. Dit
zijn gewoon abstracte begrippen voor de meeste mensen. Hoe kan
God liefde zijn als er zoveel ongelijkheid en lijden in de wereld is?
We hebben gehoord dat alle mensen gelijk zijn geschapen door

de Schepper. *De Onafhankelijkheidsverklaring* van de Verenigde Staten van Amerika uit 1776 zegt:

'We beschouwen deze waarheden als vanzelfsprekend: dat alle mensen in gelijkheid zijn geschapen, dat ze door hun Schepper zijn begiftigd met bepaalde onvervreemdbare rechten; waaronder Leven, Vrijheid en het Streven naar Geluk.'

We kunnen een heel andere betekenis van het woord 'gelijkheid' in Amma's leven zien. De gelijkheid waarmee we allen zogenaamd geboren zijn, wordt erg ongelijk als we opgroeien. We worden zelfs als kinderen geconfronteerd met bevoorrechting en discriminatie. Maar de gelijkheid die Amma belichaamt is altijd hetzelfde, niet alleen voor mensen maar zelfs voor planten en dieren. Omdat ze geïdentificeerd is met het Universele Leven en Bewustzijn, ziet ze dat Principe in alles en dat drukt zich uit als gelijke liefde zonder verlangen.

De visie van Eenheid die Amma heeft is juist het tegenovergestelde van eigenwaan en egoïsme.

Eigenwaan: een overdreven gevoel van zelfbelang, de gewoonte om teveel over zichzelf te spreken.

Egoïsme: de egoïst stelt zichzelf en zijn eigen behoeften boven iedereen, een uitzonderlijk zelfzuchtig persoon.

Eenheid in verscheidenheid zien

Wezens zoals Amma zien Eenheid in verscheidenheid. Ze identificeren zich met iedereen. Zij hebben hun besef van het zelf uitgebreid van een nietig, beperkt ego tot het Oneindige Wezen door volledige onthechting van individualiteit en al zijn manifestaties, zoals begeerte, angst enzovoorts.

'Hij wordt hooggeacht die dezelfde houding heeft tegenover mensen met een goed hart, vrienden, vijanden,
de onverschilligen, de neutralen, de haatdragenden,
familieleden, de deugdzamen en de kwaadaardigen.'

Bhagavad Gita, hoofdstuk 6, vers 9

Zulke gelijkmoedige Mahatma's zijn erin geslaagd de dwalende
geest onder controle te krijgen door herhaalde oefeningen en
verblijf in het Brahmanbewustzijn. Wezens die Zelfrealisatie
hebben bereikt, zien zichzelf als Brahman en zien alles als Dat.
Heer Krishna vervolgt:

'Het Zelf dat in alle wezens woont en alle wezens (die
wonen) in het Zelf, ziet hij die zijn zelf standvastig heeft
gemaakt door Yoga, die overal hetzelfde ziet. Hij die Mij
overal ziet en alles in Mij ziet, voor hem verdwijn Ik
niet, noch verdwijnt hij voor Mij. Ieder die gericht op
eenheid Mij aanbidt die in alle wezens woont, die Yogi
woont in Mij, wat zijn levenswijze ook is. Ieder die in
vergelijking met zichzelf overal hetzelfde ziet, O Arjuna,
of het nu vreugde of pijn is, hij wordt beschouwd als de
hoogste Yogi.'

Bhagavad Gita, hoofdstuk 6, vers 29-32

Dit laatste vers is vergelijkbaar met de lering uit de Bijbel genaamd
de Gouden Regel of De Ethiek van Wederkerigheid die het volgende beschrijft:

'Men moet anderen behandelen zoals men wilt dat anderen u behandelen; Men moet anderen niet behandelen
op een manier waarop u niet behandeld wilt worden.'

Natuurlijk is dit eerder een moreel advies dan een ervaring die
voortkomt uit Eenheid.

Meditatie over Amma

Amma spreekt niet veel over zichzelf, maar het bestuderen van de Gita geeft inzicht in haar innerlijke ervaring en het doel waarnaar we moeten streven. Denken aan Amma en toewijding en liefde voor haar verwijderen geleidelijk de nutteloze gedachten en gevoelens in onze geest. We merken misschien op dat situaties die ons eerder ergerden dat niet meer doen. We verwijzen in gedachten naar Amma's voorbeeld en woorden als we met anderen spreken en omgaan. Langzaamaan wordt ons ego gezuiverd en weerspiegelt het Amma's persoonlijkheid. Het 'mij' wordt langzaam vervangen door het 'Gij.' Onze daden worden vervangen door Amma's daden, evenals onze gedachten. Een gevoel van onthechting ontstaat in onze geest en hiermee gepaard komt een gevoel van vrede. Veel later hebben we vertouwen dat we een weerspiegeling van Haar zijn, en onze angsten verliezen hun kracht naarmate ons gevoel van Amma's aanwezigheid in ons toeneemt. We spreken niet over nederigheid maar worden echt nederig. Als ego worden we transparant en zacht, waarbij we Amma als de onveranderlijke werkelijkheid op de achtergrond voelen. Wij worden niets en zij wordt alles.

Fanatieke toewijding en Sanatana Dharma

Er is een stadium in het spirituele leven waarin een toegewijde intolerant wordt tegenover degenen die anders zijn dan hijzelf. Als mensen geloof in een goeroe, geschrift of religie ontwikkelen, worden ze soms fanatiek; ze worden bekrompen. Dit is heel natuurlijk omdat zij overtuigd zijn van de grootsheid van hun pas ontdekte levenswijze. In feite is deze houding zeer nuttig in een bepaalde fase van het spirituele leven. Het is goed om doelgericht te zijn omdat het ons vrijwaart van afleidingen, slapheid of ontbreken van een krachtig karakter of doel in onze oefening.

Het is heel gebruikelijk dat toegewijden rondzwerven en gaan 'ashram- of goeroeshoppen.' Uiteindelijk moet iemand zich op één leraar en één methode richten. Zoals het gezegde gaat, als je water wil moet je op een plek graven totdat je het vindt.

Een van de sublieme dingen van *Sanatana Dharma*, of het Hindoeïsme, zoals het meestal genoemd wordt, is het aanvaarden van alle concepten van God en wegen naar Hem. Kijk gewoon naar de universele acceptatie die Amma belichaamt. Zij kent geen dweperij of kleingeestigheid. We moeten heel toegewijd zijn aan ons eigen pad maar tegelijkertijd ruimdenkend zijn voor de paden van anderen. Het vereist enige vaardigheid en rijpheid om dit te kunnen.

Een telefoontechnicus kwam naar de ashram in San Ramon. Ze had geen interesse in spirituele zaken. Ze zag een enorme foto van Amma aan de muur en bleef ernaar kijken terwijl ze over de telefoons sprak. Het was duidelijk dat ze nieuwsgierig naar Amma was.

'Wie is deze vrouw?' vroeg ze.

'Wel, zij is een heilige uit India, enigszins vergelijkbaar met Moeder Theresa,' antwoordde ik. Ik vind deze verwijzing een goede manier om Amma te introduceren bij mensen die niets over Indiase spiritualiteit weten omdat Moeder Theresa een bekende figuur in de wereld is en ook als een heilige wordt beschouwd.

Ze zei: 'Ach, echt waar? Gelooft ze dat Jezus Christus de enige Zoon van God is?'

Ik had die vraag niet verwacht. Ik moest snel denken. 'Ze gelooft dat Jezus Christus *een* zoon van God is maar niet de enige zoon van God.'

'Hoe kan dat nu?'

'Wel, denk eens na. Mensen zijn hier al duizenden jaren. Is het mogelijk dat God in al die jaren maar zoveel genade kende dat hij maar één keer incarneerde en dat iedereen daarna in die ene incarnatie moet geloven, en dat van alle mensen daarvoor, niemand verlossing kon krijgen alleen maar omdat ze de pech hadden om in een nadere tijd geboren te zijn? Ik geloof dat God, die oneindig en eeuwig is, zo nu en dan moet verschijnen, als dingen echt slecht gaan om hulp te bieden en Jezus was zo'n incarnatie van God.'

Toen zei ze: 'Ach, zo heb ik er nooit over gedacht. Dat klinkt heel aannemelijk.'

Toen spraken we gewoon over Amma. Ze zag er tevreden uit en zei: 'Ik zal proberen je de maximale korting te geven, zelfs als het betekent dat mijn commissie eronder lijdt.' Ze was heel blij om te horen dat een persoon zoals Amma zelfs tegenwoordig op aarde bestond. Of ze uiteindelijk wel of niet kwam om Amma te bezoeken, ik heb geen idee, maar in ieder geval heeft ze Amma's darshan van een foto gehad. In tegenstelling tot sommige mensen, was zij open van geest.

Je zult versteld staan dat er zelfs onder Hindoetoegewijden mensen zijn die ruzie maken over hun concept van God. Dit is tegenwoordig niet zo zeer het geval, maar geloof het of niet, honderden jaren geleden vochten verschillende sekten met elkaar en doodden elkaar uit toewijding aan hun God!

De Shaiva en de Vaishnava

Er waren eens twee toegewijden die in tegenovergestelde richting op straat liepen toen het hevig begon te regenen. Er was alleen een oud, vervallen huis aan de kant van de weg en dus renden ze allebei naar binnen en gingen in een van de kamers zitten wachten totdat de regen zou ophouden. Een van de mannen, Shivadas, was een Shaiva, een toegewijde van Heer Shiva. Hoe weet je of iemand een toegewijde van Shiva is? Zij hebben drie horizontale strepen van *bhasma* of as op hun voorhoofd getrokken. De andere man, Vishnudas was een Vaishnava, een toegewijde van Heer Vishnu en hij had wat we een *namam* noemen, drie verticale strepen op zijn voorhoofd. Ze keken naar elkaar en besloten dat ze niets met elkaar te maken wilden hebben vanwege hun verschillen. Toen zaten zij met hun ruggen naar elkaar zodat ze niet elkaars God hoefden te zien. Lijkt behoorlijk gek, vind je niet? Maar hoe lang kon dit doorgaan? Ze zouden uiteindelijk met elkaar moeten praten; dat is gewoon natuurlijk. Wat zeiden ze? Wat anders? Ze probeerden elkaar te overtuigen van de superioriteit van hun God!

Vishnudas zei: 'Luister, mijn verticale God ondersteunt het huis waarin je nu schuilt. Zie je de muren? Zij zijn verticaal net als mijn God.'

Shivadas liet dat niet over zijn kant gaan, dus zei hij: 'Jouw arme God; hij is een lastdier. Het enige wat hij kan is dingen op Zijn rug dragen. Kijk naar mijn God; Hij is de horizontale God en Hij leunt blij op jouw God,' terwijl hij naar de houten balken wees die langs het dak liepen.

Vishnudas moest hem op de een of andere manier antwoord geven, dus hij zei; 'Jij bent zo'n kleingeestige persoon om dat te zeggen. Kijk naar mijn verticale God. Kijk naar de verticale balken die op de spanten rusten. Geef nu toe dat mijn verticale God belangrijker is dan jouw horizontale God.'

Nu was Shivadas erg van streek; hij was niet van plan een dergelijke uitspraak te accepteren dus zei hij: 'Heb je geen ogen? Kun je niet zien dat op jouw verticale God ook een horizontale God ligt? De bamboebalken houden het dak omhoog!'

Er was binnen niets anders waarover ze konden argumenteren, dus ging Vishnudas naar buiten de regen in en naar het dak kijkend zei hij: 'Kijk bovenop het dak, op de bamboebalken zijn verticale pannen, dus mijn verticale God is veel groter dan jouw horizontale God. Ik win.'

Toen kwam Shivadas naar buiten, hij keek naar boven en zag inderdaad dat de laatste dingen op het dak de pannen zijn en het enige daarboven is de lucht, en of dat een horizontale of een verticale God is kan niemand zeggen. Dus werd hij echt boos. Hij sprong op het dak en begon alle pannen naar beneden te gooien en zei: 'Ik zal je een lesje leren over wat voor een God de jouwe is.!' Toen Vishnudas dit zag, brak hij de bamboebalken. Toen brak Shivadas de spanten waarna Shivadas de balken brak. Uiteindelijk trapte Shivadas de muren in elkaar, waarna ze beiden uitgeput in de regen zaten, blij dat ze allebei de discussie hadden gewonnen door het huis volledig te verwoesten.

Het is echt zinloos om ruzie te maken wiens God de grootste is of wiens Goeroe de grootste is. God lacht ons waarschijnlijk uit omdat we allemaal totaal onwetend zijn over de ware aard van God en Goeroe. God is geen persoon zoals wij. God is *Akhanda Satchitananda*, het Ondeelbare Bestaan-Bewustzijn-Gelukzaligheid, het Zelf van iedereen. Er is niets gescheiden van Hem.

HOOFDSTUK TIEN

De Mount Everest
van spiritualiteit

Spiritueel leven lijkt in sommige opzichten op het beklimmen van de Mount Everest. Het vereist voordurend bijna bovenmenselijke inspanning en aandacht. Het is een onderneming van leven of dood. Je moet altijd extreem alert zijn en iedere kuil vermijden, want zelfs de kleinste misstap kan je dood betekenen. Allereerst is een ervaren gids essentieel. Het is niet voor iedereen, maar voor iemand die geobsedeerd is met het verlangen om van het prachtige uitzicht op de top te genieten is het alles waard.

De oude wijze Narada was zowel een groot toegewijde als een gerealiseerde ziel. Hij schreef een verhandeling over wat met devotie of *bhakti* te maken heeft. Het heet de *Narada Bhakti Sutra's*. Een *sutra* drukt een onmetelijk idee uit in een kernachtige vorm. Hij waarschuwt ons voor sommige valkuilen op het spirituele pad en instrueert ons wat we moeten doen om de toestand van Goddelijke Liefde te bereiken. Wat net zo belangrijk is, hij benadrukt de dingen die we niet moeten doen. We moeten ons van beide volledig bewust zijn. Omdat we sociale dieren zijn, moeten we in het bijzonder alert zijn op de gevaren van omgang met mensen van wie het gezelschap ons af doet glijden. We moeten niet denken: 'Ik ben zo sterk in mijn toewijding dat ik niet beïnvloed kan worden door de woorden en gedachten van andere mensen.' Niet alleen kunnen we beïnvloed worden door wat mensen zeggen en wat ze denken, maar ook door hun vibraties en het voedsel dat ze ons misschien geven.

'Vermijd het gezelschap van de slechte mensen met alle mogelijke middelen want hun gezelschap leidt ons tot het opkomen van seksueel verlangen, boosheid, begoocheling, geheugenverlies, verlies van onderscheidingsvermogen en uiteindelijk tot complete ondergang. Hoewel slechts rimpels in het begin, worden ze tot golven op de oceaan als gevolg van slecht gezelschap.'

Narada Bhakti Sutra's vers 42-45

Amma zegt dat we heel voorzichtig moeten zijn om het tere plantje van trouw en toewijding te beschermen met het hek van discipline:

'Geef negatieve vibraties geen kans om je lichaam aan te tasten. Een sadhak moet niet intens naar iemand staren. Spreek niet te veel. Veel vitale energie gaat verloren door praten. Het is zeer raadzaam voor een sadhak om niet met anderen om te gaan. Ook al wordt er gezegd dat het allemaal mensen zijn, zijn alle mensen hetzelfde? Sommigen zijn dieven, sommigen zijn onschuldig terwijl anderen mededogend zijn. Het is zeker dat het de sadhak zal schaden als hij zich begeeft onder degenen die geen spirituele cultuur hebben. Als we in nauw contact met een leproos leven, zal die ziekte ons dan ook niet aantasten?

Al deze regels zijn noodzakelijk tijdens de sadhanaperiode voor het bereiken van *jivanmukti* of bevrijding. Met veel uiterlijke alertheid kan de sadhak de obstakels in het begin weerstaan en overwinnen. In een ashram of klooster zijn discipline en regelmatige routine onmisbaar. Een pad is noodzakelijk voor mensen. Vogels hebben dat niet nodig. Een *Avatar* of een *Jivanmukta*, een bevrijde wijze, heeft geen pad nodig. Maar wij kunnen slechts vooruitgaan door de regels en voorschriften te volgen die voorgeschreven zijn door de geschriften en de grote meesters. Al deze voorschriften lijken misschien op zwakte voor een non-dualist, maar zulke mensen kunnen alleen praten over non-dualisme. Allen die feitelijk het doel hebben bereikt, zijn mensen geweest die op deze manier discipline in acht hebben genomen.'

Dergelijke intense discipline is misschien niet realistisch of zelfs mogelijk voor alle sadhaks. Velen moeten zich in de wereld ophouden, naar werk of school gaan. Idealiter zijn al onze beste vrienden op het spirituele pad, maar soms is dat onmogelijk. Tegen de tijd dat we serieus zijn met spiritualiteit, zullen de meeste wereldse vrienden ons natuurlijk hebben verlaten. In ieder geval moeten we ons bewust zijn van het effect van het gezelschap waarin we verkeren, of het ons geloof en onze toewijding aantast. Geloof en toewijding verdwijnen niet zomaar. Er zal een reden voor zijn en dat moeten we begrijpen en vermijden.

In 1978 ging ik zes maanden naar Amerika voor een medische behandeling en verbleef bij mijn fysieke moeder omdat ik daar niemand anders kende; dit was vlak voor ik bij Amma kwam. Ik was toen ongeveer tien jaar in India geweest. In die tijd voelde ik mij zeer sterk in mijn vertrouwen en onthechting. In 1967 besloot ik dat spiritueel leven het enige leven voor me was en dat ik de rest van mijn leven een celibataire monnik zou zijn. Het was niet zo dat iemand mij hiervan overtuigde. Ik had zelfs geen boek gelezen waarin stond dat je zo moest leven; de overtuiging ontwikkelde zich vanzelf en ik voelde dat er geen andere manier van leven voor mij was. Ik zeg niet dat dit de enige manier van leven is voor een spirituele aspirant, maar ik twijfelde niet dat dit de weg voor mij was.

Bedrieglijke gedachten

Dus ging ik naar verschillende soorten medici en probeerde diverse behandelingsvormen, maar allemaal zonder verbetering. Ik merkte na de vijfde maand dat mijn geest aan het veranderen was. Ik ging op een atypische manier denken: 'Waarom leef ik zo? Waarom stel ik mijzelf aan zoveel lijden bloot? Ik heb alles achtergelaten, al mijn wereldse geluk en plezier, maar waarom? Omdat ik gehoord heb dat er een toestand van gelukzaligheid bestaat en bereikbaar is, die veel groter is dan welk werelds plezier dan ook, heb ik tien jaar lang geleden om dat uit te vinden. En wat is nu het resultaat? Ik breng de hele tijd door met ziek liggen zijn. Wat een dwaas ben ik! Wat een verspilling van leven. Ik had moeten luisteren naar degenen die me vertelden dat ik gelukkiger zou zijn door een werelds leven te leiden.'

Het volgende moment, en dit kon alleen door de genade van mijn Goeroe zijn gekomen, dacht ik: 'Waarom denk ik zo? Wat is er met me gebeurd? Ik had zulke gedachten niet toen ik in India was. Er is geen andere levensstijl voor mij. Ik ben al door het wereldse leven gegaan en heb duidelijk de zelfzuchtigheid en trivialiteit ervan ingezien. Ik ga absoluut niet daarnaar terug. Gaat iemand die naar de universiteit is geweest terug naar de middelbare school voor verdere studies? Waarom krijg ik zulke tegenstrijdige gedachten? Heb ik nog onvervulde verlangens of ambities?'

Ik probeerde te begrijpen wat er aan de hand was. Ten slotte besefte ik dat de omgeving van de wereldse atmosfeer en mensen mij enorm beïnvloedde en mijn spirituele natuur ondermijnde. Iedereen die ik tegenkwam, suggereerde subtiel of openlijk dat al mijn fysieke kwalen zouden verdwijnen en ik gelukkig zou zijn, als ik een 'normaal' leven zou leiden. Een van die goedbedoelende maar verblinde vrienden opperde zelfs dat we naar de Mexicaanse grens zouden rijden en wat tijd met een prostituee door zouden brengen! Tegen die tijd was ik zo ziek dat ik zelfs niet rechtop kon zitten. Ik kon geen tien stappen lopen, maar ik besloot: 'Als ik moet sterven, dan zal het niet hier zijn; het zal in een spirituele geestestoestand zijn en in een spirituele atmosfeer. Ik ga liever dood dan die tien jaar van intense sadhana verspillen.' Ik pakte de telefoon en boekte een vliegticket terug naar India voor de volgende dag. Nadat ik op de een of andere manier India bereikt had, kreeg ik mijn vroegere spirituele staat terug. Ik besefte dat het voedsel, het gezelschap, de gesprekken, de atmosfeer, alles beïnvloedt ons. Hoe mentaal en spiritueel sterk we ook denken te zijn, de atmosfeer is altijd sterker dan wij, ten goede of ten kwade. Boven alles besefte ik dat mijn Goeroe mij uit een gevaarlijke situatie had gered ondanks mijn onwetendheid.

Het verhaal van Vipranarayana

Na terugkomst in India kwam ik een verhaal tegen dat me in veel opzichten aan mijn eigen bittere ervaring herinnerde. Het bevatte veel spirituele lessen. Het was het verhaal van Vipranarayana, een groot toegewijde die in de achtste eeuw in Tamil Nadu leefde.

Vipranarayana werd geboren in een familie van priesters en groeide op met het leren van de Veda's en andere geschriften. Hij was ook een groot dichter en musicus. Hij had besloten om zijn hele leven vrijgezel ofwel *naishtika brahmachari* te blijven. Hij nam elke ochtend een bad in de rivier, deed zijn mantra japa en aanbad Heer Vishnu in de vorm van Heer Ranganatha. Hij kocht een groot stuk land voor een ashram vlak bij de tempel van

Heer Ranganatha en legde er een prachtige bloementuin aan. Hij plukte elke dag de bloemen en maakte een enorme krans voor de Heer in de tempel. Als hij voor de Heer zong, kwam hij in een diepe devotionele staat, niet bewust van de wereld.

Toen hij op een dag terug naar zijn ashram liep en in zijn gebruikelijke goddelijke, extatische stemming, was, bogen twee danseressen, *devadasis*, die ook prostituee waren, zich voor hem en wachtten op zijn zegeningen. Vipranarayana was zich niet eens bewust van hen en liep door. Een van hen, Devadevi, was extreem beledigd door zijn vermeende botte afwijzing van haar. Zij stond bekend als de mooiste en beste danseres in het koninkrijk. Daarom was ze ook erg trots. Ze wendde zich tot haar zus en zei:

'Wie denkt deze man wel dat hij is dat hij mij zomaar kan negeren en weglopen? Ik ben de mooiste vrouw van het koninkrijk. Hoe durft hij!'

'Nee zus, hij is een groot toegewijde en had ons waarschijnlijk niet eens in de gaten. Kom, laten we naar huis gaan,' antwoordde haar zus.

'Absoluut niet! Ik zal deze belediging niet als een onbenul slikken! Ik wed dat ik hem tot mijn slaaf kan maken binnen een paar dagen,' zei Devadevi.

'Alsjeblieft zus. Laten we naar huis gaan. Als je deze grote toegewijde probeert kapot te maken, zal je ongetwijfeld een vreselijke straf moeten ondergaan,' smeekte haar zus.

Maar Devi gaf niet toe en vertrok met haar zus terwijl ze de hele weg terug naar huis haar wraak beraamde.

Toen ze thuis kwam, verkleedde Devi zich als een toegewijde van Heer Vishnu in een wit gewaad, met een tulasimala om haar hals, sandelhoutpasta op haar voorhoofd en bedreven in de muziekkunst als ze was, een paar cimbalen in haar handen. Voor de poort van Vipranarayana's ashram begon ze devotionele liederen te zingen. Toen hij zoals gewoonlijk langskwam, zag hij haar niet eens en wandelde de tuin in. Dit ging nog een paar dagen zo door, maar Devi liet zich niet ontmoedigen. Op de derde dag bracht de zoete muziek van haar stem hem uit zijn devotionele gemijmer. Hij stond daar lange tijd te luisteren en vroeg ten slotte wie ze was en waarom ze voor de ashram zat. Ze antwoordde: 'Ik werd geboren in een huis voor prostitutie. Mijn moeder wilde dat ik mezelf ook voor geld verkocht, maar ik weigerde. Ik ben sinds mijn kindertijd toegewijde van Heer Ranganatha. Mijn moeder sloeg me en sloot me op in een kamer. Ik vluchtte en rende naar de rivier om me te verdrinken; ik wilde niet meer leven. Juist toen ik op het punt stond in de rivier te springen, verscheen Heer Ranganatha met Godin Lakshmi en zei me naar uw ashram te gaan en dat u me bescherming zou bieden. Daarom ben ik gekomen. Stuur me alstublieft niet weg.'

Toen hij haar beklagenswaardige maar verbazingwekkende verhaal hoorde, zei hij haar dat ze kon verblijven in een hut in de tuin. Zijn bediende waarschuwde hem dat zij een en al moeilijkheden met zich mee zou brengen, maar hij sloeg er geen acht op. Vipranarayana zei dat ze kon blijven als tuinierster. Terwijl de dagen verstreken, sprak hij regelmatig met haar, luisterde naar haar muziek en begon zonder het te weten haar schoonheid en lieve aard te waarderen. Balend van de hele toestand vertrok de bediende.

Op een avond was er heftige regenval en Devadevi's hut stortte in. Ze zag dit als een gelegenheid om haar plan te verwezenlijken. Ze ging naar Vipranarayana's kamer en ging op de veranda staan. Uiteindelijk zag hij haar en vroeg haar binnen te komen. Omdat hij zag dat ze doornat was, gaf hij haar een van zijn kledingstukken en vroeg haar zich om te kleden. Omdat de kamer erg klein was, zei hij haar dat zij in de ene hoek kon rusten en dat hij in de andere hoek zou blijven. Om een lang verhaal kort te maken, zij bood ten slotte aan om zijn pijnlijke voeten te masseren wat hij toestond en spoedig daarna omhelsden ze elkaar. Devadevi had gewonnen. Ze verliet daarom de ashram en ging naar huis tot groot verdriet van Vipranarayana, wiens geest en hart door haar betoverd waren. Hij hield op met het bezoeken van de tempel en reeg zijn tuinbloemen niet tot een krans voor de Heer. Het aanbieden van bloemen aan de Heer was helemaal opgehouden; hij dacht alleen aan Devadevi. Uiteindelijk kon hij het niet meer verdragen en ging naar haar huis en smeekte om binnen gelaten te worden. Omdat Devadevi's moeder zag dat hij geen geld had, gooide ze hem haar huis uit met de woorden: 'Kom niet eerder terug dan dat je ervoor kunt betalen!' Triest genoeg, realiseerde Devadevi nu haar vergissing en werd feitelijk verliefd op Vipranarayana, die nu op de veranda voor haar huis lag te huilen.

Toen de Heer dit allemaal zag, besloot Hij diezelfde avond dat het tijd was om Zijn toegewijden te redden. Hij nam de vorm van Vipranarayana's bediende aan en klopte op Devi's deur. Toen de moeder opendeed, gaf hij haar een massief gouden schaal en vertelde haar dat hij Vipranarayana's bediende was en dat de schaal diende om voor de toekomstige wensen van Vipranarayana te betalen.

De volgende ochtend vroeg, toen de deuren van Heer Ranganatha's binnenste heiligdom werden geopend, waren de priesters geschokt toen ze een gouden schaal misten. Het slot op de deuren van het heiligdom was nog intact. Er was geen spoor van braak. Als een dief naar binnen was gegaan, zouden de sloten opengebroken en de deuren open moeten zijn, maar dat was niet het geval en er ontbrak geen ander voorwerp.

De zaak werd onmiddellijk aan de koning gerapporteerd die zijn soldaten eropuit stuurde om naar de gouden schaal te zoeken. De soldaten vonden hem ten slotte in het huis van Devadevi, die na ondervraging zei: 'Vipranarayana's bediende bracht hem bij me.' Toen de soldaten het geval aan de koning rapporteerden, kon hij niet besluiten wat het geval was omdat niemand het slot scheen te hebben geforceerd en de gouden schaal had gestolen. Hoe kreeg iemand die zei dat hij Vipranarayana's bediende was, het dan in zijn bezit? Gezien de omstandigheden was hij echter verplicht om de aanhouding van Vipranarayana te bevelen en gaf het bevel om zijn handen af te hakken. In die tijd waren de koningen godvrezend. Ze bewandelden het pad van dharma. Daarom verscheen de Heer aan de koning in een droom en zei tegen hem: 'Vipranarayana is niet schuldig aan het stelen van de gouden schaal. Ik was Degene die hem naar Devadevi's huis bracht.'

De koning beval ogenblikkelijk de vrijlating van Vipranarayana. Spoedig verspreidde het nieuws dat de Heer was verschenen in de droom van de koning om over de onschuld van Vipranarayana te spreken zich als een lopend vuurtje. Toen het Vipranarayana ter ore kwam, was hij verbijsterd en beschaamd. 'O, hoe groot is de Heer! Voor het welzijn van een toegewijde is Hij zelfs zo ver gegaan om aan te kloppen op de deur van een prostituee!' Diep vervuld van wroeging haastte hij zich naar de tempel en huilde in pijn. 'Ik heb U gediend mijn Heer, maar heb het allemaal opgegeven voor het betoverende gezelschap van Devadevi. Ik sloeg zelfs geen acht op het advies van mijn bediende en anderen die het beste met mij voor hadden, misleid als ik was. Vergeeft U mij alstublieft!'

115

Uiteindelijk besefte Devadevi ook haar dwaasheid en bracht de rest van haar leven met devotionele oefeningen door.

Iemand moet nooit denken dat de regels van discipline niet noodzakelijk zijn voor hemzelf. Valse trots, slecht gezelschap en een wereldse omgeving hebben de ondergang van veel toegewijden betekend.

HOOFDSTUK ELF

De dorst naar Godsrealisatie

De dorst naar spirituele realisatie is de zeldzaamste eigenschap in een mens. Heer Krishna zegt in de Bhagavad Gita:

> 'Onder duizenden streeft er misschien één naar perfectie; zelfs onder degenen die streven en volmaakt zijn, kent er slechts één Mij in werkelijkheid.'
>
> Hoofdstuk 7, vers 3

In Shankaracharya's *Vivekachudamani* wordt gezegd:

> 'Er zijn drie dingen die echt zeldzaam zijn en te danken zijn aan de genade van God, namelijk een menselijk leven, het verlangen naar Bevrijding en de beschermende zorg van een volmaakte wijze.'
>
> Vers 3

Mumukshuta, of het verlangen naar Bevrijding, is de wens om zich te bevrijden van alle gehechtheid door het realiseren van je ware natuur. Gehechtheid, van egoïsme tot het lichaam, wordt opgelegd door onwetendheid.

Een leerling kwam bij een gerealiseerde Goeroe en zei: 'O Meester, o vriend van hen die voor u buigen, o oceaan van genade. Gevallen als ik ben in deze zee van geboorte en dood, red mij met een simpele blik van uw oog dat op nectar gelijkende hoogste genade verspreidt.

Hoe deze oceaan van het waarneembare bestaan over te steken, wat zal mijn lot zijn en welke middelen moet ik inzetten, hierover weet ik niets. Verwaardigt U zich om mij te redden, o Heer en beschrijf uitvoerig hoe een einde te maken aan de ellende van dit betrekkelijke bestaan.'

De Goeroe antwoordde: 'Je bent gezegend! Je hebt het doel van je leven bereikt en hebt je familie geheiligd door je wens om realisatie van Brahman te bereiken door vrij te worden van de banden van onwetendheid!'

Vivekachudamani, vers 35, 40, 50

Je kunt je afvragen hoe we zo'n dorst kunnen ontwikkelen. De omgang met Mahatma's, zowel hun levende aanwezigheid als het lezen en luisteren naar verhalen over hen, is een krachtig middel om diegenen onder ons te inspireren die naar goddelijke ervaring streven maar van wie de inspanning niet erg intens is. Voor een sadhak is het belangrijkste onderdeel van het levensverhaal van een Mahatma het moment waarop zij onthechting of *vairagya* van wereldse banden ontwikkelden.

'Het voornaamste middel om Bevrijding te verkrijgen is *vairagya* (loslaten of onthechting). Andere eigenschappen zoals rust, zelfbeheersing, vergeving en afstand van activiteit kunnen later komen.'

Vivekachudamani, vers 69

Mahatma's zeggen dat een van de belangrijkste redenen dat we geen intens verlangen naar spirituele realisatie hebben, onze gehechtheid aan al het vergankelijke is. Met andere woorden, onze aandacht en energie zijn meestal gericht op aardse zaken; onze geest is waar ons hart is.

Het gevoel van echte onthechting of loslaten kan vergeleken worden met het tijdstip waarop een vliegtuig de startbaan bereikt vlak voor het opstijgen. Op dat moment is het vliegtuig absoluut klaar om de aarde te verlaten en het luchtruim te kiezen. Het schijnt te gebeuren als we de gebreken in het wereldse bestaan beginnen te zien en de onvermijdelijkheid van de dood voelen.

Boeddha

Bijna iedereen kent het verhaal van Heer Boeddha. Hij was een prins in het huidige Nepal meer dan 2500 jaar geleden en zoals de meeste prinsen leidde hij een leven van plezier en luxe. Per ongeluk kreeg hij de gelegenheid om te zien hoe het leven buiten het paleis was en wat was hij geschokt. Hij zag oude mensen en zieke mensen en dode mensen en ook één asceet. Hij had nooit zulke mensen in het paleis gezien. Natuurlijk niet. Zijn vader, de koning, zorgde daarvoor. Toen Siddharta (dat was de naam die hem bij zijn geboorte was gegeven) werd geboren, zei een astroloog dat hij een groot asceet of *sannyasi* zou worden en afstand zou doen van de wereld om een wijze te worden. Zijn vader, een spiritueel onwetende man, wilde niet dat dat gebeurde. Hij wilde dat Siddharta na hem de troon zou bestijgen. De koning dacht dat als zijn zoon zich altijd zou vermaken en nooit lijden zou ervaren, noch van hemzelf noch van anderen, hij nooit onthechting zou voelen. Maar een wijs gezegde luidt:

'De bestemming van zielen wordt helemaal door God bevolen in overeenstemming met de daden die ze hebben verricht.

Dat doel dat voorbestemd is om nooit bereikt te worden zal nooit door iemand bereikt worden, hoe hard hij het ook probeert.

Al deze zaken, ook die zijn voorbestemd, moeten een keer plaatsvinden en zullen gebeuren, wat je ook doet om het te verhinderen en probeert om de koers niet te laten veranderen En dit is zeker. Ten slotte beginnen we te begrijpen dat het het beste is om stil te zijn.'

Sri Ramana Maharishi

Amma zegt uit eigen ervaring dat onze ware natuur bewustzijn is, maar wij, de ziel, zijn nu gehecht aan en identificeren ons met een lichaam. Door de zintuigen van dat lichaam ervaren we het universum waarin het is en vergeten bijna volledig wat we werkelijk zijn. 'Bijna' want omdat bewustzijn ook gelukzaligheid is, zoeken we instinctief naar oneindig, ononderbroken geluk. Maar helaas is zulk geluk altijd vermengd met pijn omdat we er op de verkeerde plaatsen naar zoeken.

We worden 24 uur per dag, 7 dagen in de week niet alleen gebombardeerd door objecten uit de wereld, maar, wat nog sterker nog is, door wereldse ideeën en doelen. In welk land we ook leven, tegenwoordig leren we vanaf het moment dat we taal kunnen begrijpen, zonder het door te hebben, van familie, de maatschappij en de media, dat geluk wordt verkregen door plezier. Niemand schijnt het deel over pijn te noemen of op te merken.

De meeste zielen zullen pas uit de droom van werelds bestaan ontwaken nadat ze herhaaldelijk lijden, dat het leven kan en zal brengen, ervaren hebben. Vaak vergt dit een aantal levens, levens van plezier vermengd met pijn. Op een bepaald moment zal de *jiva* (individuele ziel) ontevreden zijn met plezier en zal genoeg hebben van pijn. Door Gods genade zal je in aanraking komen met het evangelie van Zelfrealisatie of het pad van toewijding en daarin de oplossing vinden voor je hachelijke situatie. Daarom is satsang zo belangrijk.

Siddharta kreeg satsang van de priester die hem naar buiten bracht om de wereld te zien. Als reactie op Siddharta's vragen werd hem verteld dat de vreselijke dingen die hij zag hem ook zouden overkomen. Hij was zeer ontzet en verloor alle zin voor alles in deze wereld. Hij had een prachtige vrouw, een jonge zoon en alles wat een jongeman kon wensen, maar niets had nog enige betekenis voor hem toen hij de onvermijdelijke pijnlijke kant van het leven zag en toen hij begreep dat het op hem ook van toepassing zou zijn. Hij 'veegde het niet onder het tapijt' zoals de meeste mensen doen. Hij voelde dat hij er iets aan moest doen en het was niet zich nog meer overgeven aan plezier om de pijn en angst te onderdrukken.

Op het eerste gezicht is zijn plotselinge onthechting zeker heel vreemd. De meeste zielen zien veel pijnlijke dingen en lijden zelfs veel in hun leven, maar ze krijgen gewoonlijk niet zo genoeg van alles dat ze zich naar binnen keren voor een oplossing. Hun gehechtheid voorkomt dat zoiets gebeurt. Zij die snel ontwaken uit hun sluimer van werelds leven, hebben ongetwijfeld onthechting bereikt en zich in hun vorige levens met spirituele oefeningen bezig gehouden. Als antwoord op Arjuna's vraag wat er gebeurt met een aspirant die het doel van Zelfrealisatie in zijn vorige leven niet heeft bereikt door onvoldoende inspanning, zegt Heer Krishna:

'Nadat hij de werelden van de rechtschapenen bereikt heeft en daar talloze jaren verbleven heeft, wordt hij die van yoga afgedwaald is, geboren in het huis van de zuiveren en luisterrijken.

Of hij wordt geboren in een familie van echte yogi's begiftigd met wijsheid, hoewel een dergelijke geboorte op aarde moeilijker te verkrijgen is.

Daar herwint hij dat niveau van Eenheid dat zijn intellect in zijn vorig lichaam bereikt heeft en hierdoor streeft hij nog meer naar Volmaaktheid. Door die vroegere beoefening zelf wordt hij onweerstaanbaar verder gedragen.

'De yogi die met geestdrift streeft, gezuiverd van alle zonden en vervolmaakt door veel levens, bereikt daarop het transcendente Doel.'

Bhagavad Gita, hoofdstuk 6, vers 41-43,45

Verhaal van de toegewijde van Godin Kali

Er is een interessant verhaal dat deze waarheid illustreert:
Er was eens een sadhoe die een toegewijde van de Goddelijke Moeder was. Hij deed een zeer moeilijke sadhana, waarbij hij op een lijk in een crematieplaats moest zitten en mantra's van de Godin Kali moest reciteren, om middernacht een Kalipuja (ceremoniële aanbidding) moest doen. Hij had de vele artikelen voor de eredienst verzameld, ging op het lijk zitten en begon japa te doen toen er plotseling een tijger uit het bos kwam en hem opvrat.

De bediende van de toegewijde, een eenvoudige maar toegewijde man, die deze sadhoe had geholpen om alle pujamateriaal te verkrijgen en op te stellen, was in een nabije boom geklommen toen hij een ritselend geluid in de bosjes hoorde. Nu de sadhoe dood was en de tijger vertrokken was en hoewel hij nog in shock was van het hele gebeuren, dacht hij bij zichzelf: 'Ik kan al dit kostbare pujamateriaal en de zeldzame beschikbaarheid van een lijk toch niet verspillen.' Dus kwam hij naar beneden en ging op het lijk zitten om de rituelen te doen.

Onmiddellijk verscheen de Godin Kali voor hem in al Haar glorie en zei: 'Ik zegen je, kind, met het hoogste niveau van Godsrealisatie.'

Verbaasd zei hij: 'Moeder, mijn vriend heeft zoveel moeilijkheden doorstaan om al deze puja-artikelen te verzamelen en hij deed Uw eredienst met zoveel vaardigheid en handigheid, maar hij werd door een tijger opgegeten. Ik, die niets weet, zat alleen maar te piekeren op het lijk over wat ik moest doen. Nu vraag ik me af waarom ik Uw darshan krijg en hij de dood?' Kali antwoordde: 'In je vorige leven was je een groot toegewijde en heb je veel tapas gedaan. Je had ditzelfde ritueel volbracht maar helaas kwam er een hongerige tijger die je opvrat. Daarom ben jij het die in dit leven de vervulling van je toewijding krijgt: Godsrealisatie. Je vriend daarentegen had nog veel mentale onzuiverheden en daarom moet hij terugkomen en zelfs nog harder dan voorheen werken.'

Siddharta had ook een yogi gezien tijdens zijn tochten buiten het paleis. Zijn metgezel vertelde hem dat de yogi iemand was die op zoek was naar de oplossing voor de angst voor ouderdom en de dood. Terwijl hij hierover en al het andere wat hij buiten het paleis had gezien, nadacht, verliet Siddharta het paleis toen hij dertig jaar was, ging het woud in en besteedde al zijn tijd aan het doen van tapas. Hij had geconcludeerd dat de Onsterfelijke Staat alleen zijn problemen en onvrede zou oplossen. Hij probeerde veel vormen van spirituele sadhana maar niets leidde tot de Verlichting die hij zocht. Hij stierf bijna door zijn strenge ascese in de vorm van vasten en onthouding, maar uiteindelijk kwam hij tot de conclusie dat hij zich op het middenpad moest begeven en zijn lichaam moest verzorgen en doorgaan met zijn sadhana. Ten slotte zat hij onder een banyanboom in het huidige Bodhgaya en nam een ferm besluit:

'Ik zal niet opstaan totdat ik Verlichting bereikt heb.'

Met enorme wilskracht en de opgebouwde doelgerichte concentratie die hij verkregen had als gevolg van zijn intensieve sadhana, versmolt zijn geest met zijn bron, het Universele Zelf. Deze ultieme prestatie is niet mogelijk tenzij je de intensiteit hebt die de nabijheid van de dood geeft. Als je een draad door een naald probeert te steken, zul je niet slagen als er iets aan de zijkanten uitsteekt. Zo ook zullen we falen als er enige gedachte in onze geest is, terwijl we proberen het Hart binnen te gaan, de verblijfplaats van de Werkelijkheid. We moeten volmaakte concentratie hebben en dat is het resultaat van het keer op keer proberen in veel levens.

Amma zegt dat als we iemand zien die een intens verlangen naar God heeft, hij dit zeker in vorige levens heeft ontwikkeld. Als iemand in dit leven met sadhana snel vooruitgang boekt, betekent het dat hij al in vorige levens sadhana heeft gedaan. We moeten proberen inspiratie te krijgen van zulke zielen en zoveel mogelijk inspanning in die richting verrichten als we kunnen, zodat we net als zij zullen stralen in het volgende leven als we geen Zelfrealisatie in dit leven bereiken.

Natuurlijk is zelf moeite doen uiterst belangrijk, maar nog belangrijker is het om de zegen en genade van een Mahatma te hebben. De echte kracht van inspiratie en volharding komt daaruit voort. Het is voor ons niet mogelijk om het spirituele doel alleen door eigen inspanning te bereiken. Hoe kan de nietige, onwetende ziel zijn eigen geest transcenderen anders dan met de hulp van de genade van dat Wezen dat voorbij de geest is? Het doen van sadhana is in onze handen, en dat is wat de genade van de Goeroe aantrekt. Alle inspanning voor zelfzuivering vindt zijn hoogtepunt in de almachtige zegen van de Goeroe.

HOOFDSTUK TWAALF

De aard van Avatars

'Waar Mahatma's ook zijn, mensen verzamelen zich om
hen heen. Mensen worden door hen aangetrokken als
stof naar een wervelwind. Hun adem en zelfs de wind
die hun lichaam aanraakt zijn gunstig voor de wereld.'

Amma

Als een bloem bloeit, komen de bijen erop af. De bloem
hoeft de bijen niet te roepen om de honing te komen
drinken. Misschien is er een subtiel aroma dat hen naar
de bloem leidt. Evenzo zal de extreem subtiele, goddelijke geur
van de zuivere geest van iemand die bloeit in spirituele realisatie,
de toegewijden aantrekken, hoewel hij zich daar niet bewust van
is. Grote menigten volgden Christus, waarheen hij ook ging en
hetzelfde gold voor de Boeddha. Nu zien we hetzelfde met onze
eigen ogen in het geval van Amma. Het is echt verbazingwekkend dat Amma, die een onbekend dorpsmeisje was, de laatste
vijfentwintig jaar een wereldberoemde spirituele persoonlijkheid
en filantroop is geworden.

Dit was niet altijd het geval bij Amma en misschien is dit
nooit zo in de beginjaren van heiligen. Toen ik in het begin bij
Amma kwam, was er gewoonlijk een kleine menigte op zondag,
dinsdag en donderdagavond voor de Bhava Darshan. De overige
tijd was er nauwelijks iemand in de buurt. Nadat enkelen van ons
zich daar gevestigd hadden, begrepen de mensen langzaamaan

door hun eigen ervaring dat Amma een spirituele persoonlijkheid was en geen kanaal voor de goden zoals in die tijd algemeen werd geloofd.

Amma werd af en toe uitgenodigd in nabijgelegen plaatsen of huizen van toegewijden. Op een avond ging ze naar Kollam om bhajans te zingen in een tempel veertig kilometer van de ashram. Er was niemand behalve twee of drie kinderen en hun moeders. We waren heel teleurgesteld dat niemand van Amma wist. Tegelijkertijd waren we blij omdat we zelfzuchtig dachten dat we haar voor ons helemaal alleen hadden.

Een andere keer ging Amma naar een plaats genaamd Varkala, dat ongeveer twee uur rijden van haar dorp ligt. Ze verbleef in een kleine ashram die van een toegewijde uit de buitenwijken van de stad was. Toen men hoorde dat Amma in de ashram was, kwamen er ongeveer twintig mensen uit de stad om haar te zien. Toen we die 'enorme' menigte rond Amma zagen zitten, waren we bezorgd dat we die dag geen tijd met haar door konden brengen. Dat was in die dagen een grote menigte. Toen Amma onze gezichten zag, begreep ze dat we zeer bezorgd waren en in de auto op weg terug naar de ashram zei ze: 'Er zal een dag komen dat jullie een verrekijker moeten gebruiken om mij te kunnen zien.' We waren geschokt; we begrepen niet wat ze bedoelde. We hoopten dat ze slechts een grapje maakte. We konden ons niet indenken dat zoveel mensen over haar te weten zouden komen. Het duurde niet lang voordat die profetische woorden werkelijkheid werden.

In die tijd moesten we mensen gaan uitnodigen voor haar verjaardag. Zelfs toen waren er maximaal twintig of dertig mensen, plus de dorpelingen. Toen kwamen er in een bepaald jaar duizend mensen. Het werd nadien alleen maar groter.

Toen er meer mensen begonnen te komen, voelde ik me in feite een beetje overstuur door onwetendheid en egoïsme. Amma begreep wat er in mijn geest omging en riep me op een dag. Ze zei: 'Als je geërgerd raakt als je ziet dat meer toegewijden mij komen opzoeken, wat is dan het nut van je verblijf hier? Hoe meer mensen hier komen, hoe gelukkiger ik ben, omdat dat het doel van mijn leven is: samenzijn met zoveel mogelijk toegewijden als ik kan en zoveel mogelijk mensen inspireren. Daarom reis ik. Ik hoef zelf niets te bereiken; het gaat om de spirituele verheffing van de mensen.'

De adem van het leven

Er is een vers in het Oude Testament in het boek Genesis dat luidt:

'En de Heer vormde de mens uit het stof van de aarde
en blies de levensadem in zijn neus, en de mens werd
een levende ziel.'

Genesis 2,7

Voor de rationeel ingestelde mensen van tegenwoordig lijkt dit misschien overdreven. Het feit is dat mensen een mengsel zijn van aarde, water, levenskracht en bewustzijn.

Het is heel interessant op te merken dat als Amma iets zegent, zij het onder haar neus houdt, zich een ogenblik concentreert en er dan op ademt. Ze doet dit ook als ze iemand met een mantra initieert; ze ademt in zijn oor. Dit kan verband houden met Amma's uitspraak dat zelfs de adem van een Mahatma zuiverend is. Ook als zij de inwijdingsceremoniën in nieuwe Brahmasthanamtempels doet, pakt ze de bloemen, blaast erover en plaatst ze dan op het standbeeld of de afbeelding. Klaarblijkelijk is de adem van een Mahatma een heel, heel krachtig medium voor goddelijke kracht en genade.

De almacht van een heilige

'Kinderen, Jezus werd gekruisigd en Sri Krishna werd gedood door een pijl; dit gebeurde allemaal slechts door hun wil. Niemand kon hen zonder hun toestemming benaderen. Zij hadden degenen die hen tegenwerkten tot as kunnen verbranden, maar dat deden ze niet. Zij kwamen om aan te tonen wat opoffering betekent.'

Amma

De meesten van ons zijn bekend met het levensverhaal van Jezus Christus. In India wordt hij als een Avatar beschouwd, God neergedaald op aarde als mens. In het Nieuwe Testament zei de arrogante Pontius Pilatus tegen Jezus, nadat hij aan de Romeinen was overgedragen om terechtgesteld te worden: 'Waarom spreek je niet tegen me: Weet je niet dat ik het gezag heb om je vrij te laten en dat ik de autoriteit heb om je te laten kruisigen?'

Jezus antwoordde: 'U zou geen gezag over mij hebben tenzij het u van boven was gegeven.' Met andere woorden, Jezus' geboorte, leven en dood waren goddelijk bepaald door de Vader met wie hij zich identificeerde. Niemand had zelf de kracht om hem te doden.

Het leven van Heer Krishna

Sommigen van ons weten misschien niet veel van Heer Krishna behalve dat hij aan Arjuna de Bhagavad Gita vertelde. Hij was een historische persoon die volgens de Indiase traditie ongeveer vijfduizend jaar geleden in Noord India werd geboren. In die tijd was er een zeer grote oorlog aan de gang tussen zijn neven, de Pandava's, die de goederiken waren, en de Kaurava's, die de slechteriken waren, en de bondgenoten van allebei uit heel India. Hierin stierven vier miljoen mensen in achttien dagen. Aan het einde van de oorlog, waren nog maar twaalf strijders in leven.

Gandhari, de moeder van de Kaurava's, geloofde dat Krishna God was, maar zelfs zij was woedend aan het einde van de strijd en trok tegen Hem van leer door te zeggen: 'U bent de oorzaak van de dood van mijn zonen. U had de oorlog kunnen voorkomen, maar deed het niet. Met als resultaat dat de Kaurava's bijna zijn weggevaagd. Zoals mijn volk is vernietigd, zal zesendertig jaar vanaf nu uw volk hetzelfde lot ondergaan en ik vervloek u dat u zult sterven als een beest.'

Krishna toonde zijn liefste glimlach en zei: 'Moeder, u hebt me van een last verlost. Mijn clan is zo sterk dat ze door niemand anders ter wereld kan worden vernietigd dan door zichzelf. U hebt mijn probleem opgelost. Wat mijn dood betreft, laat het zo zijn. Ik aanvaard uw vloek als uw zegen.'

Krishna boog nederig zijn hoofd zoals Amma haar hoofd in nederigheid buigt. Wat mensen ook tegen haar zeggen, of ze blij met haar zijn of haar beledigen, ze buigt haar hoofd in nederigheid en accepteert alles als de wil van God.

Na de oorlog ging Krishna terug naar Dwaraka, waar hij en zijn clan, de Yadava's woonden. Op een dag toen er zesendertig jaar om waren, waren er kinderen aan het spelen in een bos buiten de stad. Vreemd genoeg, besloten de gewoonlijk keurige jongens om een paar wijzen die daar ook waren, een streek te leveren. Ze verkleedden een jongen als meisje en stopten een kussen onder zijn kleren zodat het leek alsof hij zwanger was. Toen ze bij de wijzen kwamen, bogen ze voor hen en zeiden: 'O wijzen, u weet alles over de toekomst, vertel ons alstublieft of dit zwangere meisje een jongen of een meisje zal baren.'

Als het Amma geweest was, zou ze waarschijnlijk gelachen hebben en in het kussen geprikt hebben, maar er was een vloek die vervuld moest worden. Daardoor aangezet werden de wijzen boos en zeiden: 'Jullie oneerbiedige jongens; dit meisje zal een ijzeren stamper baren die de vernietiging van jullie volk zal veroorzaken!' Toen ze het kussen weghaalden, lag er tot schrik en verbijstering van de jongens een stamper. Bang renden zij ten einde raad met de stamper naar de koning en vertelden hem alles wat er was voorgevallen. De koning en andere hofleden besloten hem te verpulveren en het poeder in de oceaan te gooien. Niemand vertelde Krishna erover, vermoedelijk bang voor wat hij zou doen, maar natuurlijk wist hij al precies wat er uiteindelijk zou gebeuren.

Nadat ze de stamper tot poeder hadden vermalen, was er nog een klein stukje over dat ze niet konden verpulveren. Ze gingen naar de kust en gooiden alles in de oceaan. Het poeder spoelde naar de kust en kwam ten slotte terecht in een plaats genaamd Prabhasa, waar het werd omgezet in een bijzonder harde soort scherp gras. Het kleine metalen stukje werd ingeslikt door een vis die door een visser werd gevangen. Toen de visser het metalen stukje in zijn maag vond, smeedde hij het tot een pijlpunt en gaf het aan een jager.

Allerlei ongunstige voorbodes of tekens die op de dood wezen, begonnen in, rondom en boven Dwaraka te verschijnen. In alle oude culturen wordt de wetenschap van voortekens gevolgd zelfs tot op de dag van vandaag. De talrijke voortekenen en hun betekenis verschillen van cultuur tot cultuur. Voortekenen kunnen positieve of negatieve toekomstige voorvallen aankondigen. In India is het geloof in voortekenen een integraal onderdeel van het dagelijks leven en wordt door een meerderheid van het volk gevolgd. De wetenschap van voortekenen is nauw verweven met de wetenschap van astrologie.

Voortekenen

Ik had twee interessante ervaringen met voortekenen en daarmee samenhangende geloofsovertuigingen. De eerste vond plaats toen ik in de jaren zeventig in Tiruvannamalai woonde. Mijn tuinman had echt groene vingers voor het planten en opkweken van welke soort planten dan ook. Hij was vele jaren boer geweest maar hij had zijn boerderij verlaten toen zijn vrouw stierf, en verhuisde naar de stad. Toen ik aan het rondvragen was voor een tuinman, beval iemand hem aan en zo begon hij voor me te werken. Hij hield echt van de planten als zijn eigen kinderen en de tuin tierde welig. Een deel van de tuin was bestemd voor groenten. Omdat ik niet veel van de opbrengst nodig had, gaven we het meeste weg aan buren. Op een dag liep ik de tuin in om te zien hoe de groenten opkwamen. Ik zag een enorme houten kalebas van ongeveer vijftig centimeter lang. In India wordt dit, afgezien van de voedingswaarde, beschouwd als een effectief middel om boze geesten en het boze oog af te weren, en daarom wordt dit opgehangen aan de buitenkant van nieuwbouwhuizen en gebouwen. Net toen ik bukte om te zien hoe zwaar hij was, voelde het alsof ik door een sterke kracht in mijn gezicht werd geslagen en viel neer. Ik lag daar enige tijd in een halfbewuste toestand totdat de tuinman kwam kijken wat er aan de hand was. Hij hielp me overeind en vertelde me dat je die groente met grote voorzichtigheid moest benaderen.

De andere ervaring vond plaats nadat ik bij Amma was gekomen. Het was ongeveer 1984. Een jongeman verzeilde op een dag in de ashram en vroeg of hij er een paar dagen kon doorbrengen. Hij kreeg een kamer en installeerde zich daar. Toen hij met me sprak, zei hij dat hij een expert was in het handlezen. Hij nam een afdruk van mijn hand en zei dat hij me zou laten weten wat hij had ontdekt voordat hij vertrok.

Een paar dagen later om ongeveer vier uur in de ochtend zat ik op de veranda van Amma's huis toen ik hem zag vertrekken. Ik riep hem en herinnerde hem aan de lezing. Hij zei dat Amma de wereld over zou reizen en dat ik een rol zou spelen in het verspreiden van haar naam. In die tijd kwamen heel weinig mensen naar de ashram en we hadden absoluut geen geld voor wie dan ook om buiten India te reizen. Zodra hij klaar was met praten, maakte een gekko een hard tik-tik geluid.

De man wees ernaar en zei: 'Hoorde je dat? Als een gekko dat geluid maakt nadat iemand iets gezegd heeft, zal wat er ook gezegd is, uitkomen.' Het was pas jaren later dat ik me met verbazing de waarheid van zijn woorden herinnerde.

Toen Hij zoveel slechte voortekenen zag, zei Krishna tegen de verzamelde mensen aan het hof: 'We moeten hier geen moment langer blijven. Laat de vrouwen en kinderen naar Sankhoddhara gaan en de mannen moeten naar Prabhasa aan de kust gaan. In Prabhasa moeten we allemaal een bad nemen en de goden, heilige mannen, koeien en andere heilige dieren aanbidden. Op deze wijze zullen alle gevaren worden afgewend en zal algemeen welzijn worden verzekerd.'

Krishna wist dat de tijd van het vervullen van de vloek was aangebroken. Spoedig na aankomst begonnen de Yadava's en al hun verwanten een zeer bedwelmende wijn te drinken. Ze verloren hun onderscheidingsvermogen en begonnen met elkaar ruzie te maken. Dit liep uit op een dodelijke knokpartij. Toen ze geen wapens meer hadden, gebruikten ze het gras dat was geïmpregneerd met het ijzerpoeder van de vijzel. Uiteindelijk stierf iedereen behalve Krishna en zijn broer Balarama. Balarama zat in meditatie en verliet zijn lichaam terwijl hij in samadhi was. Krishna rustte uit tegen een boom met zijn linkervoet rustend op zijn rechterdij. Een jager die per ongeluk de roze onderkant van zijn voet voor de bek van een dier aanzag, schoot hem in de voet. De pijlpunt van de jager was dezelfde die de visser hem had gegeven. Toen hij zag dat de Heer gewond was, bad hij om vergeving. De Heer zei: 'Wees niet bang. Wat je hebt uitgevoerd is slechts te danken aan Mijn besluit.'

Amma zegt dat niemand enige macht over Avatars heeft; door hun eigen wil gebeuren dingen in hun leven. Zij worden niet hulpeloos in overeenstemming met karma geboren zoals wij. Ze komen naar deze wereld uit eigen vrije wil en ze vertrekken uit eigen vrije wil. Ze hebben geen persoonlijke wensen, alleen maar de wens om zielen op het pad terug naar God te brengen.

HOOFDSTUK DERTIEN

Uit een lange droom ontwaken

In India worden monniken *sannyasi's* genoemd. Amma zegt over hen:

'Een sannyasi is iemand die van alles afstand heeft gedaan; hij zal de fouten van anderen verdragen en vergeven en hen met liefde over het juiste pad leiden. Hij belichaamt zelfopoffering; hij is altijd gelukzalig en is voor vreugde niet afhankelijk van externe zaken. Hij gaat volledig op in zijn eigen Zelf.'

Een sannyasi is iemand die ofwel de pleziertjes en pijn die het leven biedt, heeft ervaren ofwel ze diepgaand intellectueel heeft geanalyseerd en door observatie besloten heeft om een staat te zoeken die beide overstijgt. Hoe weet hij dat er zo'n optie is? Ofwel door het contact met een Mahatma die de transcendente Waarheid heeft ervaren ofwel, waarschijnlijker, door de studie van de Vedantische geschriften die de sublieme staat van Zelfrealisatie beschrijven en loven.

Traditioneel waren dit in India de mogelijkheden waar veel jonge mensen mee te maken kregen door hun manier van leven. Een kind hoorde uitgebreid de talloze materiële en spirituele aspecten van het leven te bestuderen bij een geleerde goeroe en trouwde dan gewoonlijk om het gezinsleven te ervaren en tegelijkertijd zijn spirituele en religieuze oefeningen voort te zetten. Hij vertrok uiteindelijk naar het bos om zich intensief te zuiveren van de wereldse vasana's of gewoonten die zich hadden verzameld door zijn voorafgaande levensstijl. Tijdens deze periode zou hij de Zelfrealisatie zoeken die hij eerder had geleerd door de studie van Vedanta.

De betekenis van afstand doen

Het woord 'afstand doen' kan voor de meeste mensen heel angstaanjagend klinken. Het roept visioenen op van het verlaten van je familie en vrienden, bedelen om voedsel en eindeloos zwerven door het land op zoek naar Verlichting. De meeste mensen hebben geen juiste opvatting over wat onthechting echt betekent. Afstand doen is als het wakker worden uit een lange droom. Het is als een slang die je doet ontwaken uit een nachtmerrie.

Er is een verhaal over een man die ging slapen en een zeer onplezierige droom had. Hij droomde dat hij heel arm was en moest gaan stelen om zich van zijn armoede te bevrijden; hij werd een dief. Zij die hem zagen stelen, gaven hem aan bij de autoriteiten. Hij ging naar veel mensen om hulp om uit zijn moeilijkheden te komen. Hij ging naar zijn vrienden, familie en advocaten. Hij bad tot God. Hij bad tot de verschillende goden; hij deed alles wat hij kon, maar niets hielp. De politie kreeg hem uiteindelijk te pakken en zette hem in de gevangenis. Hij was erg in de war, erg ontzet. Toen hij zwaar depressief in de gevangenis zat, kroop een grote slang zijn cel binnen en beet hem. Schreeuwend van pijn werd hij wakker.

De naam van deze slang is 'afstand doen'. Als die slang ons bijt, worden we wakker uit deze droom van Maya. Het gevoel, het diepe geloof dat deze wereld de enige werkelijkheid is, dat we denken dat we het geluk, de vrede en gelukzaligheid, het plezier en het genot dat we zoeken, in de wereld kunnen vinden, is allemaal een lange droom. De paar momenten van geluk die we uit deze wereld krijgen, duren nooit lang genoeg. Jeugd en plezier en een fijne tijd zijn een deel van het leven. Ziekte is onderdeel van het leven. Ouderdom is onderdeel van het leven. Dood is onderdeel van het leven. Iedereen heeft problemen en ten slotte wordt iedereen oud en sterft; we kunnen het niet voorkomen. Dus hoe kunnen we uit deze droom ontwaken? Of we het nu willen of niet, uiteindelijk zullen we op een natuurlijke wijze evolueren naar een staat waarin de droom ons niet langer geeft wat we altijd willen: gelukzalige vrede. Het gebeurt gewoon; het is een soort natuurlijke ontwikkeling.

Veronderstel dat iemand naar je toe komt en zegt: 'Wat voor een auto heb je?'

'Ik heb een Ford.'

'Luister, ik zal je voor niets een BMW geven in ruil voor je Ford.'

Gaat iemand dat weigeren?

Als iemand zegt: 'Ik geef je een betere baan,' zeg je: 'Prima.'

Als iemand zegt: 'Ik kan een lievere, beter uitziende vriend of vriendin voor je regelen,' kun je zeggen: 'Geweldig.'

Veel mogelijkheden zijn er voor verbetering, voor een promotie, om iets beters te krijgen, een upgrade. We doen moeiteloos afstand van het mindere, het lagere, het inferieure en we kiezen voor het betere. Het is natuurlijk en niemand hoeft ons te overtuigen zo te handelen.

Echte onthechting vindt ook zo plaats. Tijdens de pelgrimstocht van leven na leven die alle levende wezens lopen, terug naar de bron vanwaar alles begon, komt er een moment dat we alleen willen ervaren en verblijven in de kern van ons wezen. We zullen echt gedesillusioneerd raken door alles, van het grassprietje tot de hoogste hemel. Alles lijkt zonder essentie te zijn. Zoals Sri Ramana Maharishi zegt:

'De wateren stijgen uit zee als wolken op. Dan vallen ze als regen en stromen terug naar zee; niets kan hen weerhouden om naar hun bron terug te keren. Evenzo kan de ziel die zich uit U verheft niet weerhouden worden om zich weer met U te verenigen, hoewel hij onderweg in veel wervelingen verandert. Een vogel die van de aarde opstijgt en in de lucht zweeft, kan midden in de lucht geen rustplaats vinden, maar moet naar de aarde terugkeren. Iedereen moet inderdaad op zijn pad terugkeren en als de ziel de weg terug naar zijn bron vindt, zal hij verzinken en versmelten in U, o Arunachala, Gij oceaan van gelukzaligheid!'

Acht Stanza's voor Sri Arunachala, vers 8

Als dat grootse moment in je evolutie aanbreekt, komt er misschien een boek in je handen of zie je een foto of hoor je over iemand als Amma of hoor je een bhajan van haar op een cd. Sommige mensen lezen misschien de Bhagavad Gita, de Bijbel of een andere heilige tekst voor de eerste keer. Ze krijgen een gevoel van verwondering, alsof ze uit een lange slaap ontwaken. 'Ach, dit is waar het om gaat; dit is de echte gelukzaligheid waarnaar ik op zoek was, het antwoord op al mijn twijfels en gevoelens!'

Hoeveel mensen zijn er die naar Amma zijn gegaan, hun hoofd op haar schouder of schoot hebben gelegd en op dat moment een voorproefje van gelukzaligheid kregen dat ze nooit eerder ervoeren behalve misschien toen ze een klein kind waren, de gelukzaligheid van een baby in de armen van zijn moeder – zorgeloos, vredig, gelukzalig. Zelfs oudere mensen van in de zeventig of tachtig hebben die ervaring als ze bij Amma komen. Het is iets wat ze vergeten lijken te hebben, maar niet iets wat ze nooit ervaren hebben, hoewel het een lange tijd geleden is dat ze een onschuldig kind waren. Die fortuinlijke mensen ontwikkelen

138

een natuurlijke neiging om dat steeds opnieuw te ervaren en geleidelijk aan verliezen ze hun behoefte aan andere bronnen van zogenaamd geluk.

De prins en de Yogi

Er was eens een prins die naar het bos ging om een yogi, een sannyasi, te ontmoeten. Hij boog voor hem en wierp zich ter aarde zoals mensen dat in India doen. Toen hij opstond, zei de yogi: 'Ga alstublieft zitten. Kan ik u iets vragen? Waarom werpt u zich ter aardevoor mij?'

'Wel,' antwoordde hij: 'u bent een man van grote zelfverloochening; u was een koning, zoals mijn vader. U liet alles achter en bent hier terechtgekomen, in dit bos en beoefent ascese. U mediteert, herhaalt uw mantra heel veel en leidt een eenvoudig leven; alles wat u bezit is een extra paar kleren en u woont in een hut. U bent veel verder gegroeid dan ik omdat u van alles afstand hebt gedaan. Daarom wil ik mijn eerbied aan u betuigen.

De swami zei: 'Luister, als dat het geval is, dat ik een grote asceet ben, moet ik degene zijn die zich voor jou ter aarde werpt en voor jou buig, want jij hebt van veel meer afstand gedaan dan ik ooit zal kunnen. Alle monniken bij elkaar vanuit de hele wereld kunnen jouw verzaking niet evenaren.

De prins begreep het niet: 'Waar heeft u het over? Dit is idioot. Wat bedoelt u?'

'Luister, laat me je een vraag stellen: veronderstel dat iemand een prachtig, groot paleis bezit en hij verzamelt alle stof in het paleis en gooit het naar buiten. Zou je dat verzaking kunnen noemen? Heeft hij het stof verzaakt?'

'Nee, dat is totaal geen verzaking. Hij gooide gewoon nutteloos afval weg.'

'Veronderstel nu dat hij alle stof verzamelt en het bewaart en dan het paleis weggooit? Hoe zou je hem dan noemen?'

'Wel, hij is een groot verzaker; hij heeft iets waardevols weggedaan; hij is een echte sannyasi.'

De yogi zei: 'Wel in dat geval, ben je een groot verzaker, omdat jij dit stof van het lichaam hebt aanvaard en je echte Zelf hebt weggegooid, de God in jou. Jij houdt je slechts vast aan het stof. Dus wie heeft meer verzaakt dan jij? Ik heb niets verzaakt. Ik zit in het paleis van Godsbewustzijn en beschouw mijn lichaam, een virtueel brok stof, niet als mijzelf. Ik heb niets verzaakt. Ik heb slechts aanvaard wat waardevoller is.'

In de loop van een spiritueel leven ontdek je iets wat hoger en bevredigender is dan wat dan ook. Je ontdekt iets wat subliem is, Gods Aanwezigheid, je eigen Ware Natuur. Gewoonlijk is het merendeel van de mensheid niet met verheven dingen bezig. De meeste mensen willen plezier met de geest of het lichaam; maar er is een ander soort plezier, en dat is het sublieme en verfijnde genoegen dat mensen krijgen in het gezelschap van Mahatma's zoals Amma of door spirituele boeken, meditatie, devotioneel zingen en andere spirituele oefeningen.

De aantrekkingskracht van wereldse gewoonten

We verliezen onze smaak voor oude dingen en zoeken nieuwere dingen die meer vreugde schenken, maar de herinnering aan en het verlangen naar oude dingen kan blijven voortduren. Een diabeticus weet misschien dat hij geen suiker mag eten, maar het is niet zo gemakkelijk om met suiker te stoppen; het zal behoorlijk wat volharding en beheersing vergen. Kennis moet in daden worden omgezet; wilskracht moet toegepast worden. Iemand is misschien overtuigd van spirituele waarheden, streeft er misschien naar hogere dimensies van innerlijke ervaring te bereiken, maar zoals het spreekwoord luidt: het is moeilijk een oude hond nieuwe trucs te leren. De oude manieren van werelds denken en handelen verdwijnen niet gemakkelijk en ze gaan er op slinkse wijze vandoor met onze huidige pogingen om de geest te verheffen.

Amma gebruikt het voorbeeld van een lekkende slang om te laten zien hoe onze pogingen om de geest te verheffen gesaboteerd kunnen worden door onze wereldse gewoonten. De waterdruk zal verminderen doordat het water door de kleine gaatjes in de slang weglekt. Op dezelfde manier zal de waterdruk verminderen als we in een huis wonen met veel badkamers en we een douche nemen als anderen op hetzelfde moment in een andere badkamer dat ook doen. Als we op de derde verdieping wonen, zullen de mensen die de badkamers op lagere verdiepingen gebruiken voor ons een miezerig straaltje achterlaten.

Evenzo proberen we onze gedachten en aandacht tot een subliemer niveau te verheffen door spirituele oefeningen, waarbij we onze geest richten op de chakra's boven de onderbuik: bij het hart, tussen de ogen of boven op het hoofd waar de duizendbladige lotus zich bevindt, de zetel van God. Maar onze oude gewoonten brengen ons keer op keer weer naar beneden, naar de maag en lagere gebieden.

Het lichaam is als een huis met negen poorten die opengaan naar de wereld om ons heen. Er zijn er zeven in het hoofd en twee onderaan. Ons bewustzijn stroomt voortdurend naar buiten door de verschillende openingen in het lichaam, d.w.z. door de verschillende zintuigen. Dit zijn de lekken in een slang die de kracht van het bewustzijn verminderen, die nodig is om de geest omhoog te duwen naar verhevener staten van ervaring en uiteindelijk naar de eenheid met God, onze Bron en Ware Zelf. We moeten dat gelukzalige Licht ervaren zoals het is, in plaats van de objecten van de zintuigen waarheen het uitstroomt. Dit is als tegen de stroom op zwemmen om de bron van een rivier te bereiken. Onze andere optie is om buiten in de wereld van plezier en pijn te blijven.

Boosheid, het grootste obstakel

Boosheid is een van de grootste obstakels voor het loslaten van de wereldse geest. Amma zegt dat het op het moment van boos zijn geen probleem lijkt, maar daarna realiseren we ons dat onze boosheid ons enorm verontrust en andere mensen bang voor ons maakt en maakt dat ze ons haten.

Er is een prachtig verhaal over iemand die bijna zijn boosheid had overwonnen. Zijn naam was Yudhishthira. Hij was keizer in het oude India duizenden jaren geleden en een neef van Heer Krishna. Toen hij een kleine jongen was, gingen hij en zijn broers en neven allemaal samen naar school. Nadat zij een paar maanden gestudeerd hadden, besloot de leraar hun het eerste examen van het jaar af te nemen.

Hij riep de jongens één voor één bij zich en vroeg: 'Wat heb je geleerd?' Ze ratelden hun lessen af. Ten slotte riep hij Yudhishthira en vroeg hem: 'Wel, wat heb jij gedaan?'

Yudhishthira antwoordde: 'Ik heb het alfabet geleerd en ik heb de eerste zin in mijn schoolboek geleerd.'

De leraar was verbaasd: 'Is dat alles? Je hebt slechts één zin geleerd? Heeft het je vier maanden gekost om één zin en het alfabet te leren? Je broers en neven hebben hoofdstuk na hoofdstuk gelezen. Ik had gedacht dat jij een wijs man zou worden, de volgende keizer van het land.'

Yudhishthira zei: 'Wel, misschien heb ik ook een tweede zin geleerd.'

Toen de leraar dit hoorde, besloot hij dat hij de prins wat verstand bij moest brengen. Hij pakte een stok en sloeg hem op de benen en armen. De leraar verloor zijn kalmte en was feitelijk buiten zinnen. Dit ging vijf minuten door en de hele tijd bleef de kleine Yudhishthira staan met een zeer gelukzalige en onschuldige glimlach op zijn gezicht. Toen de leraar dat gezicht zag, smolt uiteindelijk zijn hart. Zijn boosheid loste op en hij stopte met het slaan van de prins. Hij zei tegen de jongen: 'Waarom word je niet boos? Je bent de prins van het land en hebt de macht om me te ontslaan; ik ben maar een leraar. Toen ik op je broers boos werd, sloegen sommigen van hen mij zelfs. Dus waarom ben je zo gelukkig en ontspannen?' Toen viel het oog van de leraar op het open schoolboek dat op Yudhishthira's lessenaar lag. De eerste zin luidde: 'Word nooit boos; verlies nooit je kalmte.' Hij had het niet eerder opgemerkt. Hij besefte dat deze jongen de eerste zin niet uit alleen het hoofd had geleerd, maar hij de feitelijke betekenis in zich opgenomen had, terwijl hij, de leraar, niets had geleerd ondanks vele jaren van lesgeven. Hij omhelsde de jongen en betuigde zijn spijt.

'Ik heb niets geleerd. Ik moet doorgaan voor een befaamd professor; ik heb honderden boeken gelezen, maar ik heb zelfs niet één ding verwerkt, terwijl jij de eerste les volledig in je hebt opgenomen.'

De jongen zei: 'Ach, om u de waarheid te zeggen, toen u me sloeg, voelde ik me enigszins beledigd.'

De leraar zei: 'Wel, dat betekent dat je ook de tweede zin hebt geleerd.'

En wat was de tweede zin? 'Vertel altijd de waarheid.'

Dat is echte verwerking vertaald in handelen. Dat is de mate waarin we een les moeten opnemen. Dit is de mate waarin we boosheid moeten overwinnen. Kun je je voorstellen dat je zo verstoken van boosheid bent dat je een niet verdiend pak slaag van iemand zo kunt ondergaan? Als iemand ons beledigt of ons niet op de 'juiste' manier aankijkt of onze vrede verstoort, neigen we ernaar boos te worden. In sommige gevallen kunnen we zo boos worden dat we dreigen hem kwaad te doen of te doden. We hebben allemaal gehoord van agressie op de weg, het toppunt van ongeduld en boosheid. Zo beginnen oorlogen tussen twee mensen, tussen twee religies of tussen twee naties.

Egoïsme, een ander 'lek'

Egoïsme is een ander 'lek' dat ons beneden op aarde houdt, dat verhindert dat we opstijgen naar spirituele hoogten. We proberen onze ware aard of Zelf te verwerkelijken, die oneindig, onsterfelijk bewustzijn wordt genoemd, wat in de Westerse filosofie 'ziel' wordt genoemd. De ziel is niet iets wat we hebben of wat in het lichaam is. We *zijn* de onsterfelijke ziel, maar identificeren die ten onrechte met het vergankelijke lichaam. Egoïsme houdt ons in slaap in de droom van Maya, de universele kracht van illusie die onze geest naar buiten richt, weg van ons 'Ik', het echte ons.

Wij allen hebben egoïstische, zelfs sadistische en gemene mensen ontmoet. We zijn misschien zelf zo iemand! Er was eens een buitensporig wrede man, die er behagen in schiep om zijn werknemers te laten lijden. Hij was zoals de beruchte Scrooge. Hij nam een man als kok aan maar hij wilde dat de kok leefde van de kruimels die overbleven van zijn maaltijd; de kok mocht niet hetzelfde eten hebben als hij zelf. De eerste avond maakte de kok een heerlijke schotel. Toen de meester het zag, dacht hij: 'Ik laat de kok hier niets van krijgen, anders wordt hij verwend. Ik eet alles zelf op.'

Hij vertelde de kok: 'Ik heb nu niet zoveel honger. We zullen morgenochtend eten.' Hij dacht dat als hij tot de volgende ochtend zou wachten, hij zo hongerig zou zijn dat hij in staat zou zijn om alles zelf op te eten en de kok niets zou krijgen. Hij zei: 'Maar ik zeg je dit: wie vanavond de beste droom heeft kan al het eten morgenochtend krijgen.'

De kok zei: 'Prima.'

De werkgever dacht dat de kok een lomperik van het platteland was, een onwetende boer. Zo'n sul kon nooit een grootse droom krijgen. De wedstrijd zou een peulenschil zijn (de woordspeling was bewust).

De volgende morgen kwam de man naar de keuken en was helemaal klaar om het eten naar binnen te werken. Juist toen kwam de kok binnen.

'Wel, zei de man: 'Wat was je droom?'

'Eerst, meester, vertelt u me uw droom.'

'Ik had een droom dat ik de keizer van de wereld was. De president van Amerika, de premier van Engeland, de koning en koningin van Spanje, iedereen kwam naar me toe en allen bogen voor mij. Zelfs de goden stonden in de rij in de hemel om een glimp van mij op te vangen. De wijzen en heiligen stonden links en rechts van me en iedereen zong ter ere van mij.'

Toen de dienaar dit hoorde begon hij te beven.

De man zei: 'Wel, wat was jouw droom?'

Meester, ik had absoluut geen droom zoals deze.'

'Echt waar?' De meester gniffelde nu in zichzelf: 'Nu zal ik zeker alle eten krijgen.'

'Dus vertel me, wat was je droom?'

De kok zei: 'Ik had een vreselijke droom, een vreselijke nachtmerrie. Een afschuwelijk monster achtervolgde me; hij kreeg me te pakken. Hij stond op het punt me te doden.'

De meester glimlachte. 'Ja, ja, en wat gebeurde er toen?'

De kok zei: 'En dat monster zei: 'Ik ga je doden tenzij je alle eten in de keuken opeet.'

'Dus, wat deed je?'

'Wat kon ik doen? Ik stond op, ging naar de keuken en at al het voedsel op.'

De meester riep uit: 'Waarom riep je me niet?'

'O Meester, ik probeerde u te roepen, maar ik werd bang toen ik u zag zitten in het hof met al die belangrijke mensen om u heen. Ik was bang dat ze me zouden vragen: 'Wie ben je?' en me zelfs zouden doden. Dus ging ik erheen en at al het eten op.'

Zonder dat we het beseffen doen al onze negatieve handelingen, gedachten en woorden ons doel van spirituele vooruitgang teniet; zij zijn de lekken waardoor onze sadhana ontsnapt. We verrichten negatieve handelingen in de verwachting er op enige wijze van te profiteren, maar het feit is dat ze uiteindelijk bij ons terugkomen. Zij versterken de droom van leven en dood en maken het moeilijker om te ontwaken, zo niet erger. Sommige toegewijden voelen dat ze niet veel vooruitgaan ondanks hun inspanning. Zij vinden misschien dat God of hun Goeroe hun geen genade schenkt. In plaats daarvan moeten ze nauwkeurig naar hun gedachten en handelingen kijken om te ontdekken of ze afgestemd raken op het pad dat hun Goeroe hun toont of dat ze gewoon dingen doen waar ze zin in hebben. Echte onthechting is de kracht om onze negatieve vasana's te weerstaan en de positieve te cultiveren. Alleen maar ons huis en familie achterlaten zal niet werken, omdat onze geest met ons mee gaat, waar we ook heen gaan. Voor sommigen is het gemakkelijker om het essentiële werk van lichamelijke en mentale zuivering thuis te doen.

HOOFDSTUK VEERTIEN

Ervaring van genade door een leerling van de Goeroe

E r wordt gezegd dat sommige gelukkige zielen een glimp van God of een andere manifestatie van genade wordt gegeven aan het begin van hun spirituele leven. Deze ervaring duurt zelden erg lang en wordt meestal niet herhaald, maar de intensiteit van de ervaring vormt een levenslange inspiratie en herinnering die hen voortstuwt en energie geeft op weg naar het doel van Realisatie.

We hebben de afgelopen vijfendertig jaar met talloze toegewijden van Amma gesproken over hun ervaring van Amma's genade, die net zo verschillend is als er toegewijden zijn. Het lijkt erop dat wat voorheen door slechts een paar zeldzame zielen uit het verleden werd ervaren, door Amma overvloedig aan miljoenen is gegeven. Het is zelfs mogelijk te zeggen dat een van de belangrijkste doelen van Amma's leven is om zoveel mogelijk zielen wakker te maken door haar goddelijke aanraking en omhelzing. Het laat een diepe, levensveranderende indruk achter bij degenen die het gevoeld hebben.

In het verre en niet zo verre verleden waren er twee grote toegewijden die ook de genade van hun Goeroe ontvingen. Gelukkig voor ons, zijn hun ervaringen vastgelegd voor het nageslacht. Een van hen was de oude wijze Narada Maharishi, van wie het levensverhaal wordt verteld in de *Srimad Bhagavatam Purana*. We moeten dit verslag zorgvuldig lezen omdat het veel inspirerende ideeën heeft voor oprechte toegewijden. De andere is het verslag van een Russische toegewijde uit de negentiende eeuw, wiens Goeroe de grote Russische heilige Seraphim was. Zijn verslag is waarschijnlijk uniek in de annalen van Godservaringen van toegewijden dankzij de zegen van hun Goeroe.

In oude tijden was Narada Maharishi zo'n ziel. Hij was de zoon van een dienstmeisje dat werkte in een gemeenschap van Vedische Brahmanen. In het regenseizoen verbleven daar veel yogi's, wat de traditie was. In die tijd hielp Narada, die toen nog een jongetje van vijf was, zijn moeder door hen te bedienen terwijl hij naar hun verlichtende discussies luisterde. Hij kreeg hun heilige etensresten na de maaltijd, wat resulteerde in de zuivering van zijn jonge en onschuldige geest. Toen de wijzen aan het einde van het regenseizoen vertrokken, gaven ze hem, omdat ze blij met hem waren, een paar spirituele lessen die pasten bij zijn leeftijd en temperament. Daardoor ontkiemde het zaadje van onthechting van het wereldse bestaan in zijn geest.

Onverwachts stierf zijn moeder door een slangenbeet, waardoor Narada helemaal alleen achterbleef. In plaats van dit als een bron van zorgen te zien, voelde hij dat dit een zegen van God was om hem te bevrijden van alle gehechtheid en afhankelijkheid en vertrok hij op reis door de wereld waarbij hij door veel plaatsen kwam. Toen hij lange tijd gelopen had en helemaal uitgeput was, stopte hij bij een rivier in een dicht bos en verfriste hij zich met zijn water. Hij ging onder een boom zitten en begon te mediteren over de Heer in zijn hart, zoals onderwezen door de yogi's.

Geleidelijk aan manifesteerde de Heer zich in zijn geest. Overweldigd door devotie en verlangen ging hij op in samadhi. Plotseling stopte de ervaring. Hij probeerde opnieuw dezelfde staat te bereiken, maar zonder succes. Hij was extreem rusteloos en ellendig en hoorde de stem van de Heer: 'O Narada, ik betreur het dat je Mij in dit leven niet meer zult kunnen zien. Ik kan niet worden gezien door die yogi's die niet volledig vrij zijn van de hartstochten van het hart. Mijn vorm werd je deze ene keer geopenbaard om zo je verlangen naar Mij te vergroten, want hoe meer je naar Mij hunkert, hoe meer je bevrijd zult worden van alle verlangens.'

We hoeven niet naar het verre verleden te kijken om toegewijden te ontdekken die door God of hun Goeroe met inspirerende ervaringen zijn gezegend. Soms zijn het leven en de ervaringen van grote toegewijden uit een recentere tijd gemakkelijker te vatten. Een dergelijk persoon was Nicholas Motovilov, een naaste leerling van de gerealiseerde Heilige Seraphim van Rusland uit de negentiende eeuw. Hij had een directe ervaring van de genade van zijn Goeroe, die hij vastlegde voor het welzijn van de mensheid, vlak nadat het plaatsvond. Nicholas spoorde Seraphim keer op keer aan om niet alleen de aard van Goddelijke Genade te verklaren, maar hem het ook direct te laten ervaren. Hij vertelt het verhaal:

Toen pakte Vader Seraphim me heel stevig bij de schouders. 'We zijn allebei in de tegenwoordigheid van God nu, mijn zoon,' zei hij. 'Waarom kijk je niet naar mij?'

Ik antwoordde: 'Ik kan niet kijken, Vader, want uw ogen schitteren als de bliksem. Uw gezicht is helderder geworden dan de zon en mijn ogen doen pijn.'

Vader Seraphim glimlachte: 'Wees niet verontrust mijn zoon! Nu ben je zelf zo helder geworden als ik. Jij bent nu zelf in de volheid van de aanwezigheid van God; anders zou je me niet kunnen zien zoals ik ben.'

Toen boog hij zijn hoofd naar me en fluisterde zachtjes in mijn oor: 'Dank de Heer voor Zijn onuitsprekelijke genade voor ons. In mijn hart bad ik mentaal tot Hem en zei in mijzelf: 'Heer, verleent U hem de gunst om duidelijk met zijn fysieke ogen de neerdaling van Uw Genade te zien die U aan Uw dienaren verleent als het U behaagt om in het Licht van Uw verheven glorie te verschijnen'. En je ziet, mijn zoon, de Heer vervulde ogenblikkelijk het nederige gebed van de arme Seraphim. Hoe kunnen we Hem dan niet bedanken voor deze onuitsprekelijke gift aan ons beiden? Zelfs aan de grootste kluizenaars, mijn zoon, toont de Heer niet altijd Zijn genade op deze wijze. Deze genade van God is blij als een liefhebbende moeder om je te troosten. Maar waarom mijn zoon, kijk je niet in mijn ogen? Kijk gewoon, en wees niet bang! De Heer is bij ons!'

Na deze woorden wierp ik een blik op zijn gezicht en er kwam zelfs een nog groter eerbiedig ontzag over me. Stel je in het centrum van de zon, in het schitterende licht van zijn middagstralen, het gezicht van een man voor die met je praat. Je ziet de beweging van zijn lippen en de veranderende uitdrukking van zijn ogen, je hoort zijn stem, je voelt dat iemand je schouders vasthoudt, toch zie je zijn handen niet, je ziet zelfs jezelf niet of zijn gestalte, alleen maar een verblindend licht dat zich ver in de omtrek verscheidene meters verspreidt en dat met zijn schitterende glans zowel de deken van sneeuw die de open plek in het bos bedekt als de sneeuwvlokken die over mij en de grote Oude dwarrelden, verlicht. Je kunt je voorstellen in wat voor een staat ik was!

'Hoe voel je je nu?' vroeg Vader Seraphim me.

'Buitengewoon goed.'

'Maar hoe dan? Hoe voel je je precies goed?'

'Ik voel zo'n kalmte en vrede in mijn ziel dat dit niet in woorden kan worden uitgedrukt.'

'Dit,' zei Vader Seraphim: 'is de vrede waarover de Heer tegen zijn leerlingen zei: Mijn vrede geef ik jullie; niet zoals de wereld geeft, geef ik aan jullie. Zij die uitverkoren zijn door de

Heer, geeft de Heer die vrede die je nu in jezelf voelt, de vrede die aan alle begrip te boven gaat. Het is onmogelijk in woorden het spirituele welbevinden uit te drukken dat opgewekt wordt in het hart van diegenen waarin de Heer het heeft uitgestort. Het is een vrede die voortkomt uit zijn eigen edelmoedigheid en is niet van deze wereld, want geen tijdelijke aardse welvaart kan het aan het menselijke hart geven; het wordt verleend door boven, door God zelf, en daarom wordt het vrede van God genoemd. Wat voel je nog meer?' vroeg Vader Seraphim me.

'Een buitengewone zoetheid'

Hij vervolgde: 'Nu stroomt deze zoetheid door ons hart en jaagt door onze aderen met onuitsprekelijke heerlijkheid. Door deze zoetheid smelt ons hart als het ware, en wij zijn allebei zo vervuld van geluk dat de tong het niet kan vertellen. Wat voel je nog meer?'

'Een buitengewone vreugde in mijn hele hart.'

Vader Seraphim ging door: 'Als de aanwezigheid van God op de mens neerdaalt en hem overschaduwt met de volheid van Zijn inspiratie, dan stroomt de menselijke ziel over van onuitsprekelijke vreugde, want de Genade van God vult alles wat hij aanraakt met vreugde. Wat voel je nog meer?'

'Een buitengewone warmte.'

'Hoe kun je warmte voelen, mijn zoon? Kijk, we zitten in het bos. Het is winter en overal ligt sneeuw. Er ligt meer dan een paar centimeter sneeuw en de sneeuwvlokken vallen nog steeds. Welke warmte kan er zijn?'

'Net zoals het is in een badhuis als het water op de steen wordt gegoten en de stoom in wolken opstijgt.'

'En de geur?' vroeg hij. 'Is die hetzelfde als in het badhuis?'

'Nee,' antwoordde ik. 'Er is niets op aarde zoals deze geur. Toen mijn lieve moeder nog leefde, was ik dol op dansen. Als ik naar dansen en feesten ging, besprenkelde mijn moeder mij met parfum dat ze bij de beste winkels had gekocht, maar die geuren ademden niet een dergelijk aroma.' Vader Seraphim glimlachte vriendelijk. 'Ik ken het zelf net zo goed als jij, mijn zoon, maar ik vraag je dit expres om te zien of je het hetzelfde voelt. Het is absoluut waar. De zoetste aardse geur kan niet vergeleken worden met het aroma dat we nu ruiken, want we zijn nu omgeven door de Heilige Tegenwoordigheid van God. Wat op aarde kan zo zijn? Je hebt me gezegd dat het om ons heen zo warm is als in een badhuis; maar kijk, noch op jou, noch op mij smelt de sneeuw, noch doet het dat onder onze voeten; daarom is deze warmte niet in de lucht maar in ons. Het is die warmte die ons tot de Heer doet roepen: 'Verwarm mij met de warmte van Uw Heilige Tegenwoordigheid.' Daardoor werden de kluizenaars warm gehouden en waren ze niet bang voor vorst in de winter, alsof ze in bontjassen gekleed waren, in het kleed dat uit genade geschonken is en geweven door de Heilige Tegenwoordigheid. En zo moet het feitelijk zijn, want de genade van God moet in ons wonen, in ons hart, omdat de Heer zei: Het Koninkrijk Gods is in u. Met Koninkrijk Gods bedoelde de Heer de genade van de Heilige Aanwezigheid. Dit Koninkrijk van God is nu in ons en die genade schijnt op ons en verwarmt ons ook aan de buitenkant. Het vult de omringende lucht met vele geurende aroma's, verlicht onze zintuigen met hemelse verrukking en overstroomt ons hart met onuitsprekelijke vreugde. Van onze tegenwoordige staat wordt gezegd: Het Koninkrijk Gods is niet eten en drinken, maar juist handelen en vrede en vreugde in de Heilige Tegenwoordigheid. Ons geloof bestaat niet uit gewiekste woorden van aardse wijsheid, maar uit het laten zien van Genade en Kracht. Dat is precies de staat waarin we nu zijn. Kijk, mijn zoon, wat een onuitsprekelijke vreugde de Heer ons nu heeft verleend! Dit is wat het betekent om in de volheid van de Heilige Tegenwoordigheid te zijn. Met deze volheid van Zijn Genade heeft de Heer ons, arme schepsels, tot overvloed gevuld. Dus is het is nu niet nodig om te vragen hoe mensen tot de Genade van God kunnen komen.

HOOFDSTUK VIJFTIEN

Sadhana en tranen

A anvankelijk aarzelde ik om dit hoofdstuk te schrijven. Ik weet hoe ik me soms voel als mensen me uitgebreid over hun lichamelijke problemen vertellen, dus vermijd ik het anderen over die van mij te vertellen. Ik vraag me af hoe Amma in staat is zo lang te zitten en het ene probleem na het andere aan te horen. Maar door de jaren hebben veel toegewijden me gevraagd hoe ik mijn sadhana voor elkaar krijg ondanks mijn verzwakkende lichamelijke moeilijkheden. Omdat velen van ons uiteindelijk met die uitdaging te maken krijgen, is dit hoofdstuk misschien nuttig voor andere toegewijden en sadhaks. Dus heb geduld met me. Voor degenen die niet geïnteresseerd zijn, doe het boek nu dicht, want dit is het laatste hoofdstuk.

Zolang ik in de Amerika woonde, kende ik geen ziekte toen mijn jeugd met zijn gebruikelijke kwalen eenmaal voorbij was. Maar op de dag dat ik in de boot naar India stapte, ik was achttien, begonnen alle moeilijkheden. Ik had besloten om een cruise-annex vrachtschip te nemen omdat het goedkoop en ontspannen was. Het kostte ongeveer een maand om Japan te bereiken op weg naar India. Vanaf dag één begon ik ernstige spijsverteringsproblemen te ervaren. Ik kon tien dagen na elkaar niet naar het toilet en dan opeens moest ik rennen, waar ik me ook bevond. Ik had geen idee waarom het gebeurde. Ik dacht dat het misschien het water of het eten op de boot was, maar niemand anders leek dezelfde klacht te hebben; althans niet de mensen die ik kende.

Dit ging de eerste twee jaar in India door. Het was een voorbereiding op wat komen ging. Toen ik op de boot was, stond ik gewoonlijk om 4 uur 's morgens op, nam een douche en ging naar het dek. De zuivere atmosfeer en eenzaamheid van de onmetelijke oceaan was opwekkend. Ik bleef daar om mijn meditatie en yoga te doen tot na de verbazingwekkende zonsopkomst.

Toen ik eenmaal Tiruvannamalai bereikt had en me in de ashram daar vestigde, was er geen toilet in mijn kleine kamer en moest ik plotseling over het terrein rennen naar de openbare toiletten; dit kon op ieder moment van de dag of nacht gebeuren. Ik begon het gevoel te krijgen dat dit niet normaal was en dat ik er iets aan moest doen. Het verstoorde niet echt mijn dagelijkse routine maar ik was een beetje bezorgd. Ik ging naar de plaatselijke homeopathische arts die me wat pillen gaf en me zei na een maand terug te komen. Toen begonnen de echte problemen. Zodra ik de medicijnen begon in te nemen, voelde ik me overvallen door vermoeidheid. Ik kon 's morgens nauwelijks opstaan of een stukje lopen. Bovendien werd het oorspronkelijke probleem waarvoor ik de medicijnen innam, niet minder. Ik ging terug naar de arts om hem dat te vertellen maar hij was de stad uit. Zijn zoon vertelde me dat al zijn patiënten klagen over vermoeidheid als ze zijn medicijnen innamen. Ik besloot ermee te stoppen, maar de vermoeidheid wilde niet weggaan. In feite is de vermoeidheid tot op de dag van vandaag niet weggegaan. Ik probeerde vele dingen, zoals vitamines en voedzaam eten, maar er was geen verschil. Toen begon de zoektocht naar allopathische, ayurvedische, natuurgeneeskundige en unani geneeswijzen, maar zonder resultaat.

Tot aan het moment dat de vermoeidheid begon, had ik de gebruikelijke eigenwijze, arrogante en ongehoorzame geest van een normale Amerikaanse tiener. Omdat mijn vader was gestorven toen ik twaalf was, was er niemand om mij onder controle te houden tijdens die vormende jaren en mijn moeder had niet de moed om me discipline bij te brengen. Daardoor was vermoedelijk ik zo geworden. Vreemd genoeg maakte het constante gevoel van jeugdige arrogantie plaats voor een gevoel van hulpeloosheid en toen nederigheid. Dit, op zijn beurt, werd een gevoel van innerlijke vrede. Het gebeurde allemaal erg plotseling. Het was het begin van een levenslange oefening in overgave aan lijden en alles als een zegen van de Goeroe te accepteren. Het was duidelijk dat zo'n gevoel niet alleen door sadhana kon zijn veroorzaakt. Bovendien had ik abusievelijk geloofd dat spirituele oefeningen zouden leiden tot een krachtige staat voorbij de gewone geest van een gewoon iemand. Ik wist niet dat ware spiritualiteit ligt in de vernietiging van het ego, wat resulteert in de uitgestrektheid van de egoloze staat. Hoewel ik dat had gelezen, was het nog lang niet ingedaald en werd het verkeerd geïnterpreteerd door mijn arrogante en onvolwassen geest.

Ik had besloten om het dienen van mijn toenmalige spirituele leraar voort te zetten, hoe moeilijk het ook was. Ik deed ook dagelijks puja en bestudeerde de geschriften. Alles was een last, maar ik was vastbesloten om door te gaan in de veronderstelling dat alle moeilijkheden van God kwamen om mijn geest te zuiveren en me spiritueel sterk te maken. Ik besloot om met yoga op te houden omdat het mijn energie slechts uitputte.

Naarmate de jaren vorderden, ontwikkelde ik lage rugpijn, herhaaldelijke migraine-aanvallen en buikpijn. Toen mijn leraar in 1976 was overleden, was ik min of meer bedlegerig. Ik moest op handen en voeten naar de keuken kruipen om wat brood en melk te krijgen wat het enige was dat mijn buikpijn niet verergerde. Ik bleef proberen om de houding van overgave te handhaven ondanks alles. Toen mijn buurman opmerkte dat ik mijn huis helemaal niet uitkwam, kwam hij me op een dag opzoeken. Toen hij mijn hulpeloze toestand opmerkte, bood hij aan dat zijn vrouw elke dag iets zou koken voor mijn lunch. Ik voelde dat de Goeroe hem had gestuurd toen ik het echt nodig had; anders was ik misschien van honger omgekomen.

In die tijd kreeg ik de gelegenheid om naar Mumbai te gaan om Nisargadatta Maharaj, een Zelfgerealiseerde wijze die daar woonde, te bezoeken. Een toegewijde hielp me de reis te maken. Toen ik Maharaj ontmoette, vertelde ik hem over mijn lichamelijke problemen. Hij zei:

'Je bent nauwelijks in staat om rechtop te zitten, is het niet? Het geeft niet. De lichamen van sommigen worden ziek als ze oprecht meditatie en andere spirituele oefeningen doen. Het hangt af van ieders lichamelijke constitutie. Je moet je oefeningen niet opgeven maar volharden totdat je het doel bereikt of tot het lichaam sterft.'

Ik werd herinnerd aan wat Ramana Maharishi had gezegd over door sadhana veroorzaakte ziekten. Hij had eens aan een toegewijde uitgelegd dat de levenskracht bij de meeste mensen door de zintuigen naar buiten stroomt, maar een spirituele aspirant probeert om die om te draaien en met zijn bron te laten versmelten. Dit veroorzaakt spanning op de zenuwen, ongeveer zoals het aanbrengen van een dam in een rivier. Die spanning kan zich op een aantal manieren manifesteren, zoals hoofdpijn, lichamelijke pijn, spijsverteringsproblemen, hartproblemen en andere symptomen. De enige remedie is om te volharden in je beoefening.

Hij legde ook uit hoe het Zelf geïdentificeerd raakt met het lichaam en hoe Het zich ervan onthecht en Zijn ware natuur realiseert:

'Er is een 'knoop' die de verbinding tussen het Zelf en het lichaam vormt. Het lichaam is materie, het Zelf is bewustzijn. Bewustzijn van het lichaam ontstaat door deze verbinding. Zoals een onzichtbare elektrische stroom door zichtbare draden gaat, stroomt de vlam van bewustzijn door de diverse kanalen of zenuwbanen in het lichaam. Het is door de verspreiding van bewustzijn dat iemand zich bewust wordt van zijn lichaam. Omdat bewustzijn het hele lichaam doordringt, raak je gehecht aan het lichaam, beschouw je het lichaam als het Zelf en zie je de wereld als losstaand van jezelf. Als iemand die onderscheid maakt, onthecht raakt en het idee opgeeft dat hij het lichaam is, dan vastberaden onderzoek doet naar wat in hem als 'Ik' schijnt, vindt het 'karnen' van de kanalen plaats. Bij het karnen van de kanalen wordt het Zelf ervan afgescheiden en straalt door zich vast te houden aan het hoogste kanaal. Als bewustzijn alleen nog in het hoogste kanaal blijft, wordt de verbinding met het lichaam doorgesneden en verblijf je als het Zelf.'

Ramana Gita

Na terugkomst in de ashram besloot ik mijn gezondheid te vergeten en het advies van deze Mahatma's op te volgen en door te gaan met mijn sadhana en overgave. Tegen die tijd lag ik de hele tijd. Tussen het lijden en het wachten begon ik depressief te worden. Interessant genoeg echter, kwam ik wat woorden tegen van Sri Anandamayi Ma, een vrouwelijke Mahatma uit Noord India, die me enige aanmoediging en richting gaven. Ze zei:

'God Zelf wordt geopenbaard in schijnbaar ondraaglijk lijden. Je kunt de Moeder niet vinden totdat het vertrouwen in je wakker wordt dat alles wat Moeder doet, het beste voor Haar kind is. Als de Goeroe een leerling eenmaal heeft geaccepteerd, zal Hij hem nooit verlaten totdat het doel is bereikt. Span jezelf tot het uiterste in, hoe zwak het ook mag zijn. Hij is er om in te vullen wat nog niet gedaan is. Streef ernaar je aan Hem over te geven, zonder na te denken. Dan zul je geen verdriet, pijn, teleurstelling of frustratie hebben. Onvoorwaardelijke overgave aan Hem is de beste troost voor de mens.'

Spoedig daarna vond ik mijzelf aan Amma's voeten. Ik had het gevoel dat ik in de hemel was, ook al was ik ziek. Amma gaf me door haar zegeningen een bepaald niveau van gezondheid terug. Ik kon veel werk in de ashram doen, hoewel met veel problemen. Door haar voorbeeld en leiding leerde ik geleidelijk om niet teveel om het lichaam te geven en me aan Gods wil over te geven.

Amma stuurde me naar haar ashram vlak bij San Francisco in 1990. Ik hield me bezig met het geven van satsangs, bhajans, cursussen over Amma's leringen in het licht van de Indiase oude geschriften, het ontmoeten van toegewijden en het schrijven van boeken. Hoewel het een voortdurende strijd was, voelde ik dat het een zegen was om Amma op die manier te dienen. Ik was daar tot 2001, maar de laatste twee jaar waren vreselijk pijnlijk, met meedogenloze migraines die alle andere fysieke problemen overschaduwden. Ik kon het werk waarvoor ik daarheen gezonden was, niet doen en daarom keerde ik terug naar India.

Tijdens een bezoek aan de ashram daar, had Amma tegen een toegewijde gezegd dat ik kanker had. Ik besteedde er niet veel aandacht aan omdat ik op dat moment geen symptomen voelde. Na terugkomst in India, ontwikkelde er zich een bult achter in mijn nek. Het werd uiteindelijk gediagnosticeerd als een zeldzaam lymfkliergezwel, een vorm van bloedkanker die de lymfeknopen aantast. De medische literatuur zei dat er geen effectieve behandeling voor was en dat de overlevingstijd ongeveer drie jaar was. Toen ik dit hoorde, werd ik zeer bedroefd. Toen besloot ik in praktijk te brengen wat ik tot dat moment had geleerd: overgave en onthechting. Ik onderging de enige beschikbare behandeling, steroïden, resulterend in substantiële gewichtstoename en toegenomen zwakte. Dit ging zo zeven jaar door. Gedurende het grootste deel van de tijd, ging ik door met de strijd, werkte in het AIMS-ziekenhuis aan zaken die met grafisch ontwerp te maken hadden, wat ik in San Francisco had geleerd.

Na zeven jaar stopte de werking van de steroïden en het lymfkliergezwel kwam weer sterk op. De arts suggereerde om chemotherapie te proberen, dat nog eens vier maanden werd gedaan. Na acht maanden weggebleven te zijn, kwam de kanker terug, maar nu als een voor negentig procent te genezen soort. Ik moest nog eens vier maanden door een ander soort chemo. Hierna verminderden de ziekteverschijnselen, wat tot op heden (vijf jaar) heeft geduurd. Helaas resulteerde het in een permanent gezwollen been.

Alle problemen die ik had toen ik in 1979 in Amritapuri aankwam, zijn er nog steeds maar in gereduceerde vorm. Er is nooit een saai moment in de beoefening van overgave en onthechting. Het schijnt dat een dergelijke continue beoefening geleidelijk aan een toestand van sereniteit en onbevreesdheid teweeg brengt. Is het niet het ego, het wezen dat zich vereenzelvigt met het lichaam, dat bezorgd en verontrust wordt? Overgave brengt langzaamaan zijn vermindering en uitroeiing teweeg.

Adi Shankaracharya, wiens filosofie van Advaita Vedanta, de wetenschap van Zelfrealisatie, Amma leert, zegt:

> 'Het Zelf zoeken terwijl je het vergankelijke lichaam
> koestert is als het oversteken van een stroom door
> je vast te houden aan een krokodil.'
>
> Vivekachudamani, vers 84

Zulke uitspraken van wijzen uit het verleden en de woorden en het voorbeeld van Amma's leven moeten serieus genomen worden door iemand die het goede karma heeft om te willen ontsnappen aan het schijnbaar eindeloze wiel van samsara, van leven, dood en wedergeboorte.

Het is duidelijk dat Amma zich altijd volledig bewust is van onze moeilijkheden, zelfs als ze het zo nu en dan niet lijkt te tonen. Vele jaren geleden, toen de ashram van start ging, kwam Amma terug van een uitstapje naar het huis van een toegewijde en kwam naar me toe en zei dat ze over me had nagedacht en toen een lied had gecomponeerd. Het heette *Ishwari Jagadishwari.*

O Godin, Godin van het Universum, Onderhouder en Schenker van Genade en Eeuwige Bevrijding, bevrijd me alstublieft van al mijn verdriet.

Ik heb de pleziertjes van dit wereldse leven vol droefenis gezien; laat me alstublieft niet lijden zoals de motten die in het vuur vallen.

Gebonden door de valstrik van verlangen aan de voorkant en de valstrik van dood aan de achterkant, O Moeder, is het niet jammer om te spelen ze samen te binden?

Wat we vandaag zien is er morgen niet. O Zuiver Bewustzijn, dit is Uw spel. Wat echt bestaat, kent geen vernietiging. Al het vernietigbare is tijdelijk.

Stort Uw Genade over mij uit zonder het verkeerde pad te laten zien, o Eeuwige. O Moeder, Vernietiger van ellende, verwijder mijn zorgenlast.

O Moeder van de Wereld, voor het verkrijgen van de vrucht van een menselijk leven bid ik met samengevouwen handen. O Godin van de Wereld met vele vormen, ik buig neer aan Uw Voeten.

Moet iedereen zoveel lijden of meer doorstaan als ik, als hij serieus op zoek wil gaan naar het Zelf? Ik weet het niet. Ik geloof dat iedere jiva of ziel zijn eigen unieke pad terug naar God heeft. Gelukkig zijn zij die hun toevlucht hebben genomen tot Amma, die hen kan en zal leiden naar het Doel zo lang als nodig is. Wat we ook moeten doorstaan, onschuldige overgave aan de Goeroe is het enige koninklijke pad naar Bevrijding.